사이버 명예훼손에 대처하기

_____ 김학재 변호사

박영사

머리말

일반인들을 위한 사이버 명예훼손죄, 사이버 모욕죄 책을 쓰고 싶었다. 명예훼손으로 고통받는 분들을 위해서 이 책을 내놓는다.

명예훼손죄, 모욕죄 관련하여 많은 사건을 처리하였다. 사건을 처리하는 과정에서 명예훼손죄로 고소하려거나 고소를 당한 사람들을 만났다. 수없이 상담했다. 일반인은 생각보다 훨씬 관련 법률에 대해서 잘 알고 있다는 점을 깨달았다. 본인 일이기 때문이다.

법조인들은 교과서와 논문에서 명예훼손죄에 대해 이론적으로 설명한다. 그러나 일반인들은 법률 용어를 이해하지 못한다. 법조인들은 여러 가지 이유들로 인해서 불가피하게 어려운 단어를 쓰기도 한다. 이러한 문제를 해결하고 싶었다. 명예훼손죄로 고민하는 일반인들을 대상으로 글을 썼다.

본서가 출간되면, 명예훼손과 관련한 경험들을 세상에 모두 알리게 된다. 다른 법조인들이 쉽게 내가 가진 경험들을 배울 것이다. 전문영역이 사라질 수도 있다는 두려움도 있다.

일반인들에게 명예훼손을 비롯한 여러 가지 법들을 쉽게 알려주고 싶었다. 일반인들도 스스로 어려움을 풀어가면 더 좋겠다고 생각했다. 자신의 병은 어떤 면에서 의사보다 자기가 더 잘 아는 법이다. 자기의 병을 알아야, 병도 더 잘 고치고, 의사에게 사기도 당하지 않을 수 있다. 상담을 해보면, 일반인들이 법조인들보다 오히려 관련 법리를 더 이해하는 경우가 있었다. 일반인들에게 간단한 정보만 주면, 혼자서도 문제를 해결하리라 생각했다. 법은 원래 쉽기 때문이다.

최대한 쉽게 쓰려고 노력했다. 민법을 가장 좋아한다. 임대차에 대해서도 일반인들을 위해 글을 쓸 계획이다.

지도교수님이신 존경하는 김재형 교수님께 가르쳐 주신 은혜에 대해 항상 감사드린다. 교수님의 가르침 덕분에 법을 더 사랑하게 되었다. 대법원 판례 읽기를 좋아하게 되었다.

임재무 전무님은 박영사에서 책을 낼 수 있도록 해 주셨다. 적극적으로 추천해 주셨다. 윤혜경 대리님은 친절하고 꼼꼼하게 편집을 봐주셨다. 책이 얼마나 정성스럽게 출간되는지 알게 되었다. 김민규 대리님은 책을 홍보하는 데에 많은 도움을 주셨다. 이분들 덕분에 책을 낼 수 있었다. 다시 한번 감사 말씀드린다.

2024년 7월
저자

목 차

01

명예훼손 사건에서
기소유예받는 비법

01

명예훼손 사건에서
기소유예받는 비법

명예훼손 기소유예를 받고 싶으신가요?

기소유예란?

형사소송법은 검사는 ① 범인의 연령, 성행, 지능과 환경, ② 피해자에 대한 관계, ③ 범행의 동기, 수단과 결과, ④ 범행 후의 정황 등을 고려하여, 공소를 제기하지 아니할 수 있다고 정하고 있습니다(동법 제247조, 형법 제51조). 다른 용어들로 말씀드리면, "기소편의주의"라고 합니다. 여러 가지 정황을 봅니다. 검사가 한 번 봐주겠다는 것이지요.

모욕죄로 고소하였습니다. 검찰이 고소당한 상대방에게 기소유예를 내렸습니다.

형법
제307조(명예훼손) ① 공연히 사실을 적시하여 사람의 명예를 훼손한 자는 2년 이하의 징역이나 금고 또는 500만원 이하의 벌금에 처한다.
②공연히 허위의 사실을 적시하여 사람의 명예를 훼손한 자는 5년 이하의 징역, 10년 이하의 자격정지 또는 1천만원 이하의 벌금에 처한다.

> 제311조(모욕) 공연히 사람을 모욕한 자는 1년 이하의 징역이나 금고 또는 200만원 이하의 벌금에 처한다.

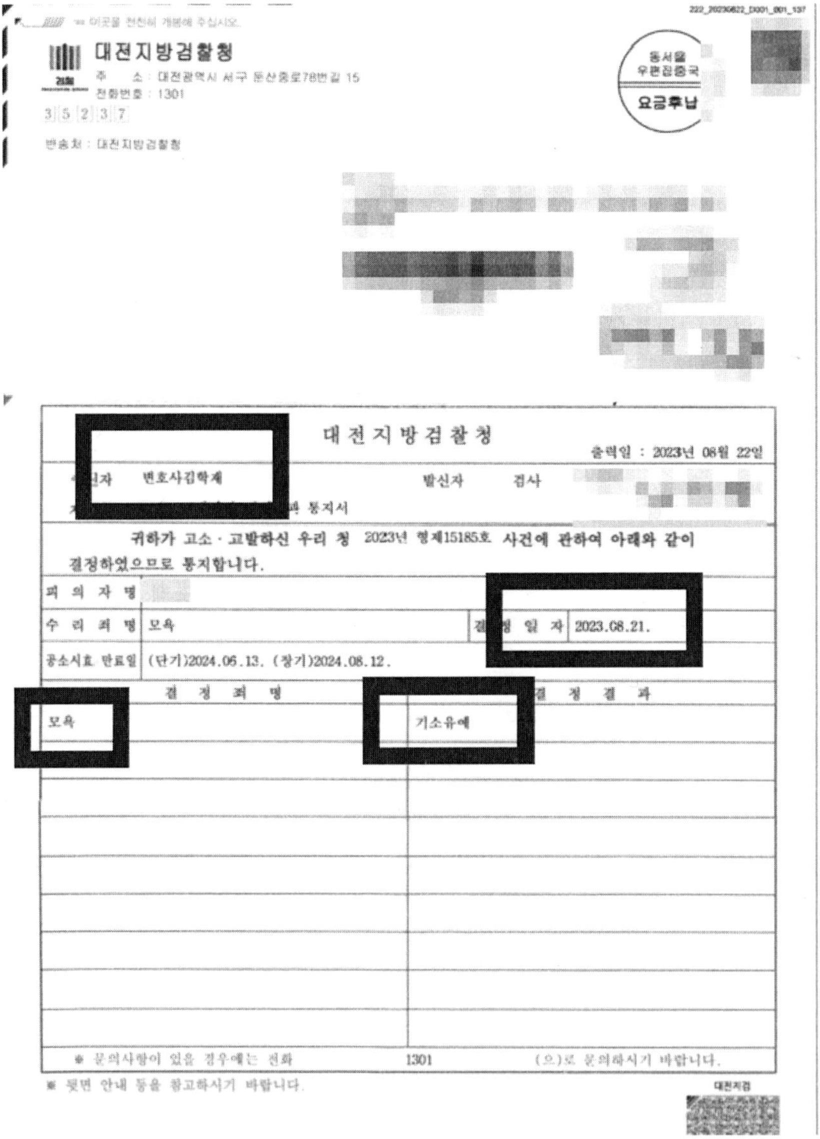

※ 이곳을 천천히 개봉해 주십시오.

대전지방검찰청
주 소 : 대전광역시 서구 둔산중로78번길 15
전화번호 : 1301
35237
반송처 : 대전지방검찰청

동서울 우편집중국 요금후납

대 전 지 방 검 찰 청

출력일 : 2023년 08월 22일

[redacted]신자 변호사김학제		발신자 검사	
[redacted]의 통지서			
귀하가 고소·고발하신 우리 청 2023년 형제15185호 사건에 관하여 아래와 같이 결정하였으므로 통지합니다.			
피 의 자 명			
수 리 죄 명	모욕	결[redacted] 일 자	2023.08.21.
공소시효 만료일	(단기)2024.06.13. (장기)2024.08.12.		

결 정 죄 명	[redacted]정 결 과
모욕	기소유예

※ 문의사항이 있을 경우에는 전화 1301 (으)로 문의하시기 바랍니다.

※ 뒷면 안내 등을 참고하시기 바랍니다.

대전지검

기소유예란? 학술적으로 표현해 봅시다. 피의사건에 관하여 범죄의 혐의가 인정되고 소송 조건 또한 구비되었으나, 범인의 연령, 성행, 지능과 환경, 범행의 동기, 수단과 결과, 범행 후의 정황 등을 참작하여 공소를 제기하지 아니하는 경우입니다.[1] 참고로, 교육을 받는 등 조건부로 기소유예를 내릴 수 있습니다.

편하게 말씀드리면, 여러 가지를 보고, 봐주겠다는 의미입니다.

형식적인 유죄입니다. 실질적인 무죄로 불립니다. 왜냐하면, "전과"가 남지 않기 때문입니다.[2]

경험한 바에 따르면, 명예훼손죄, 사이버 명예훼손죄, 정보통신망법 위반죄, 모욕죄의 경우, 검찰은 일반적인 범죄들과는 전혀 다른 상황들에서 기소유예를 내립니다.

명예훼손과 달리, 일반적인 범죄에서 피해자와의 합의는 기소유예를 내리기 위한 가장 중요한 조건입니다.

형사법은 명예훼손죄, 사이버명예훼손죄, 정보통신망법 위반죄 및 모욕죄를 반의사불벌죄로 정하고 있습니다. 피해자와 합의하면, 수사기관은 "공소권없음"으로 결정합니다. 처벌하지 않습니다. 다시 말해서, 피해자와의 합의를 기소유예의 요건으로 보지 않습니다.

그렇다면, 검찰청은 언제 기소유예 결정을 내릴까요? 그 해답은 "공공의

---

1) 이재상 · 조균석 · 이창온, 형사소송법(제15판), 박영사, 2023, 279쪽.
2) 기소유예와 관련한 자세한 사항들은 유튜브에서 검색할 수 있습니다. 많은 변호사들이 기소유예에 관해서 자세하게 설명하고 있습니다. 이 책에서는 일반적인 형사절차보다는 명예훼손 관련 내용을 주로 적었습니다. 본서에서는 이와 관련한 자세한 설명을 생략합니다.

이익"에서 찾을 수 있습니다.

위 범죄들을 처벌하는 이유를 가만히 앉아서 생각해 봅시다. 피해자에 대한 인격을 훼손하였기 때문입니다. 상대방을 비난하여서, 상대방의 사회적 평판을 떨어뜨렸습니다. 수사기관은 그러한 이유로 인해 가해자를 처벌합니다.

그런데, 가해자가 공익적인 목적으로 피해자에게 심한 욕설이나 명예훼손에 해당하는 발언들을 하였다고 가정해 봅시다. 예컨대, 어떤 정치인이 뇌물을 먹었다고, 그 정치인에게 "미친 새끼"라고 글을 작성하였습니다.

수사기관은 이러한 명예훼손에 해당하는 발언들을 개인적인 비난을 목적으로 한 것이 아니라, 공공의 이익을 위해서 하였다고 생각합니다. 그래서 가해자에게 기소유예를 내립니다. 용서해 줍니다.

명예훼손죄, 정보통신망법 위반죄, 모욕죄 등에 있어서, 기소유예를 받고 싶으신가요?

다른 죄들과는 다른 방법으로 대처하세요. 다른 범죄들처럼 가난하다는 사실, 국가로부터 상장 받은 사실 등을 제시하셔도 좋습니다. 불쌍한 사람에게 선처합니다. 인지상정입니다.

하지만, 위와 같은 글을 쓰게 된 사실관계 내지 배경을 명확하게 소명하십시오. 공익적인 목적을 위해서 위와 같은 글을 썼다는 사실을 증명해야 합니다.

모든 행동들은 개인적인 목적과 더불어 공익적인 목적으로 이루어집니다. 예컨대, 병원이 치료를 잘못해서 부작용이 생긴 경우, 이에 대해 개인적으로 그 병원을 비난한 경우를 생각해 봅시다.

충분히 다른 환자나 고객들에게 위와 같은 사실을 알려줄 필요가 있습니다. 공익적인 목적이 포함되어 있습니다.

기소유예를 받고 싶으신가요? 본인이 처한 사실관계를 잘 파악하십시오. 그 이유를 잘 설득하십시오. 공공의 이익을 많이 찾을수록, 기소유예를 받을 가능성이 높습니다. 공공의 이익은 그 어딘가에는 꼭 있습니다. 잘 찾아보세요. 노력하는 사람에게 해답이 있습니다.

02

명예훼손 사건에서 보호관찰소선도위탁조건부
기소유예를 언제 받을 수 있나요?
무엇을 해야 하나요.

02

명예훼손 사건에서 보호관찰소선도위탁조건부 기소유예를 언제 받을 수 있나요? 무엇을 해야 하나요.

정보통신망법 위반죄, 명예훼손죄 내지 모욕죄와 관련하여, 검찰청은 기소유예 결정을 내립니다. 또한, 보호관찰선도위탁조건부 기소유예로 처분하기도 합니다. 많은 분들이 보호관찰선도위탁조건부 기소유예 결정을 받습니다. 덜컥 겁부터 냅니다.

모욕죄로 고소했습니다. 상대방이 보호관찰소선도위탁조건부 기소유예처분을 받았습니다.

보호관찰소 선도위탁 규정

제1조(목적) 이 규정은 「형사소송법」 제247조 및 「보호관찰 등에 관한 법률」 제15조제3호에 따른 검사의 보호관찰소 선도조건부 기소유예(이하 "보호관찰소 선도유예"라 한다)처분 및 보호관찰소에의 선도위탁에 관한 사항을 규정함을 목적으로 한다.

제3조(대상) ① 보호관찰소 선도유예처분은 연령과 범죄의 동기, 수단 및 결과 등 제반사정을 고려하여 전문적인 선도가 요구되는 범죄자를 대상으로 한다. ② 보호관찰소 선도유예처분은 통상의 기소유예처분의 활용에 영향을 주지 아니한다.

그렇다면, 보호관찰소선도위탁조건부 기소유예란 무엇일까요?

보호관찰소선도위탁조건부 기소유예란, 검찰청이 보호관찰소에게 피고인에 대한 교육을 맡기는 것입니다.

보호관찰소는 죄명들에 따라 피고인에 대해서 다양한 교육을 진행하고 있습니다. 피고인의 자택을 직접 방문합니다. 가르친다는 측면에서, 피고인에게 다양한 일들을 시킵니다.

정보통신망법 위반죄, 명예훼손죄 내지 모욕죄에서, 보호관찰선도위탁조건부 기소유예를 받으면, 당사자는 무슨 처벌을 받을까요?

정보통신망법 위반죄, 명예훼손죄 내지 모욕죄에 관해서 보호관찰선도위탁조건부 기소유예결정이 이루어졌을 때를 가정해 봅시다. 보호관찰소는 외부 강사를 초빙하여, 피고인들에게 4시간 정도 강의를 듣도록 합니다. 피고인들이 그 이외에 특별한 일을 하지 않습니다. 위와 같은 처분을 받으셨더라도, 너무 걱정하지 마십시오.

상담을 진행해 보면, 보호관찰소 교육을 너무 두려워하십니다.

검사는 언제 보호관찰선도위탁조건부 기소유예를 결정할까요?

여러 사건을 진행한 바에 의하면, 단순하게 "기소유예"를 내리는 사례들과 "보호관찰선도위탁조건부 기소유예"를 내리는 사안들을 무 자르듯이 나눌 수 없습니다.

다시 말해서, 피고인의 연령, 명예훼손의 수위, 재산관계 등 제반 사항을 고려하여 결정합니다. 더 나아가, 검사 개개인의 판단도 그 결정에 큰 영향을 미칩니다.

어린 학생들이 편하게 인터넷상에서 욕설을 한 경우, 검사는 종종 교육으로 해결합니다. 즉, 보호관찰선도위탁조건부 기소유예결정을 내립니다.

사이버 명예훼손에 대처하기

03

사이버명예훼손 고소를
각하하는 이유는 무엇일까?

03

사이버명예훼손 고소를
각하하는 이유는 무엇일까?

모욕죄로 고소하여, 수사기관이 각하 처리하였습니다.

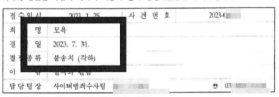

【별지】
【결정종류】

피의자에 대한 고소를 각하한다.

【피의사실의 요지와 불송치 이유】

2022. 7. 18. 22:15경 ▨▨▨ ▨▨▨에 게시된 고소인 관련 글에 댓글로 "정신나갔네"라고 게시하여 모욕.

○ 피의자는 고소인이 게시한 영상에 대해 부정적인 의견으로 평가하는 과정에서 **다소 무례한** 표현을 사용한 것으로 보이고, 해당 표현이 **고소인의 인격적 가치에 대한 사회적 평가를 저하시킬 만한 표현**에 해당한다고 보기 어렵다.

○ 각하한다.

담당수사관 : 사이버범죄수사팀 경장 ▨▨▨▨

※ 결정 종류 안내 및 이의·심의신청 방법

<결정 종류 안내>

○ 혐의없음 결정은 증거 부족 또는 법률상 범죄가 성립되지 않아 처벌할 수 없다는 결정입니다.

○ 죄가안됨 결정은 피의자가 14세 미만이거나 심신상실자의 범행 또는 정당방위 등에 해당되어 처벌할 수 없는 경우에 하는 결정입니다.

○ 공소권없음 결정은 처벌할 수 있는 시효가 경과되었거나 친고죄에 있어서 고소를 취소한 경우 등 법률에 정한 처벌요건을 갖추지 못하여 처벌할 수 없다는 결정입니다.

○ 각하 결정은 위 세 결정의 사유에 해당함이 명백하거나, 고소인 또는 고발인으로부터 고소·고발 사실에 대한 진술을 청취할 수 없는 경우 등에 하는 결정입니다.

<이의·심의신청 방법>

○ 위 결정에 대하여 통지를 받은 자(고발인은 제외)는 형사소송법 제245조의7 제1항에 의해 해당 사법경찰관의 소속 관서의 장에게 이의를 신청할 수 있습니다. 신청이 있는 때 해당 사법경찰관은 형사소송법 제245조의7 제2항에 따라 사건을 검사에게 송치하게 됩니다.

○ 수사 심의신청 제도(경찰민원콜센터 국번없이 182)
· 수사과정 및 결과에 이의가 있는 경우, 관할 시·도 경찰청 「수사심의계」에 심의신청

검찰사건사무규칙에 따르면, 아래와 같은 경우, 검사는 각하 처리를 하고 있습니다(제3항 제5호).

> 1. 고소 또는 고발이 있는 사건에 관하여 고소인 또는 고발인의 진술이나 고소장 또는 고발장에 의하여 제2호부터 제4호까지의 규정에 따른 사유에 해당함이 명백한 경우

> 2. 법 제224조, 제232조제2항 또는 제235조에 위반한 고소·고발의 경우
> 3. 같은 사건에 관하여 검사의 불기소결정이 있는 경우(새로이 중요한 증거가 발견되어 고소인, 고발인 또는 피해자가 그 사유를 소명한 경우는 제외한다)
> 4. 법 제223조, 제225조부터 제228조까지의 규정에 따른 고소권자가 아닌 자가 고소한 경우
> 5. 고소인 또는 고발인이 고소·고발장을 제출한 후 출석요구나 자료제출 등 혐의 확인을 위한 수사기관의 요청에 불응하거나 소재불명이 되는 등 고소·고발사실에 대한 수사를 개시·진행할 자료가 없는 경우
> 6. 고발이 진위 여부가 불분명한 언론 보도나 인터넷 등 정보통신망의 게시물, 익명의 제보, 고발 내용과 직접적인 관련이 없는 제3자로부터의 전문(傳聞)이나 풍문 또는 고발인의 추측만을 근거로 한 경우 등으로서 수사를 개시할만한 구체적인 사유나 정황이 충분하지 않은 경우
> 7. 고소·고발 사건(진정 또는 신고를 단서로 수사개시된 사건을 포함한다)의 사안의 경중 및 경위, 피해회복 및 처벌의사 여부, 고소인·고발인·피해자와 피고소인·피고발인·피의자와의 관계, 분쟁의 종국적 해결 여부 등을 고려할 때 수사 또는 소추에 관한 공공의 이익이 없거나 극히 적은 경우로서 수사를 개시·진행할 필요성이 인정되지 않는 경우

명예훼손과 관련하여, 검사는 위 제115조 제3항 제5호 제7목에 따라서, 각하를 하고 있습니다.

형법은 "정당행위"를 규정하고 있습니다. "법령에 의한 행위 또는 업무로 인한 행위 기타 사회상규에 위배되지 아니하는 행위는 벌하지 아니한다(형법 제20조)."

형법 제20조에서 규정하는 "사회상규"는 무엇일까요? "행위가 일응 구성요건에 해당하고 개별적인 위법성조각사유의 하나에 속하지 않은 경우에도 사회상규에 위배되지 않는 때에는 위법성이 조각되어 처벌할 수 없

다. "사회상규"란 국민일반의 건전한 도의감 또는 공정하게 사유하는 일반인의 건전한 윤리감정을 의미합니다.[3]

"사회상규"와 대비되는 "사회적 상당성"이라는 개념 또한 존재합니다.

사회적 상당성은 사회적 차원에서 자유롭게 행할 수 있는 범위에 포함되는 행위를 의미하며, 사회생활의 질서를 현저히 침해하는 행위만 구성요건에 해당할 수 있으므로 사회적 상당성이 있는 행위는 구성요건에 해당하지 않는다.[4]

"사회상규" VS "사회적상당성"

어떠한 행위를 법적으로 문제가 있다고 보더라도, 그 법익침해가 적은 경우라면, 이러한 행위들을 처벌하지는 않습니다.

대법원은 "피해자가 피고인의 고소로 조사받는 것을 따지기 위하여 야간에 피고인의 집에 침입한 상태에서 문을 닫으려는 피고인과 열려는 피해자 사이의 실랑이가 계속되는 과정에서 문짝이 떨어져 그 앞에 있던 피해자가 넘어져 2주간의 치료를 요하는 요추부염좌 및 우측 제4수지 타박상의 각 상해를 입게 된 경우, 피고인의 가해행위가 이루어진 시간 및 장소, 경위와 동기, 방법과 강도 및 피고인의 의사와 목적 등에 비추어 볼 때, 사회통념상 허용될 만한 정도를 넘어서는 위법성이 있는 행위라고 보기는 어려우므로 정당행위에 해당한다."고 보았습니다(대법원 2000. 3. 10. 선고 99도4273 판결).

반면에 어떤 행위를 법적으로 전혀 문제삼을 수 없다면, 이러한 행위를

---

3) 이재상 · 장영민 · 강동범, 형법총론(제11판), 박영사, 2022, 310쪽.
4) 이재상 · 장영민 · 강동범, 형법총론(제11판), 박영사, 2022, 311쪽.

"사회적상당성이 있다."고 일컫습니다.

무례한 표현? 약한 욕설?

수사기관은 제가 진행한 사안에서, "정신나갔네"라는 약한 욕설 등을 "다소 무례한 표현"이며 "인격적 가치에 대한 사회적 평가를 저하시킬 만한 표현이 아니다."라고 판단하였습니다.

약한 정도의 욕설을 "사회적 상당성"에 해당하는 것으로 보고 있습니다. 다시 말해서, 범죄로 문제조차 되지 않는다는 것입니다. 어떤 이가 타인에게 욕설을 가했습니다. 수사기관은 이러한 표현들을 "사회적상당성"이 있다고 판단하였습니다.

하지만, 이러한 행동들을 "사회적 상당성"이 있다고 보는 것은 부당합니다. 이러한 행동들을 법적으로 문제는 있지만, 그 법익침해가 적으므로 "사회상규"에 반하지 않는다고 보아야 합니다.

다시 말해서, 약한 정도로 욕설을 한 사안은 위 사회상규와 관련된 판례들 사안과 일맥상통합니다.

결론은 "처벌하지 않는다."입니다. 하지만, 법이론적으로는 "그 정도는 봐줘야지"이며, "그게 무슨 죄야"가 아니라는 의미입니다.

고리타분한 학문적인 이야기를 너무 길게 늘어 놓았습니다. 다 잊으셔도 좋습니다.

그렇다면, 사이버명예훼손죄를 각하하는 이유는 무엇일까요?

법익침해가 적은 경우, 수사기관은 사이버명예훼손죄를 각하합니다. 다시 말해서, 약한 욕설을 한 경우 수사기관은 이러한 법익침해가 적은 범죄들을 범한 자들을 굳이 처벌하지 않고 있습니다.

상대방 욕설이 너무 약한 경우, 고소인은 "수사기관이 고소를 각하할 수 있다."는 점을 각오해야만 합니다. 다시 말해서, 본인만 힘들게 고소장을 작성하여 제출하고, 경찰서에서 조사받을 수 있습니다. 정작 상대방은 경찰서에서 조사조차 받지 않을 수 있습니다.

04

모욕죄, 모욕을 당해야만
모욕죄가 성립하는가?

04

모욕죄, 모욕을 당해야만
모욕죄가 성립하는가?

> 형법
> 제311조(모욕) 공연히 사람을 모욕한 자는 1년 이하의 징역이나 금고 또는 200만 원 이하의 벌금에 처한다.

모욕죄는 사실을 적시하지 아니하고 사람에 대하여 경멸의 의사를 표시하는 행위입니다. 추상적 관념을 사용하여, 사람의 인격을 경멸하는 가치판단을 표시하는 경우, 모욕죄라고 말합니다.[5]

가해자가 택시를 타고 목적지까지 갔습니다. 가해자는 택시운전사에게 요금을 주지 않았습니다. 택시운전사가 경찰서에 가해자를 신고하였습니다. 가해자가 출동한 경찰관에게 "뭐야, 개새끼야.", "뭐 하는 거야. 새끼들아.", "씨팔놈아. 개새끼야"라고 큰소리로 욕설하였습니다.

모욕죄가 성립할까요?

항소심 판사는 가해자에게 무죄를 선고하였습니다. 그러나, 대법원은 그 장소에 있던 사람들이 전후 경과를 지켜보았기 때문에 가해자가 경찰관에

---

5) 이재상, 형법각론(제11판), 2019, 201쪽 참조.

게 근거 없이 터무니없는 욕설을 한다는 사정을 인식할 수 있었더라도, 피해자인 경찰관 개인의 명예를 훼손했다고 보았습니다(대법원 2017. 4. 13. 선고 2016도15264 판결).

주변 사람들은 가해자가 피해자를 욕설하는 과정들을 내내 보았습니다. 가해자가 경찰관을 심하게 욕하더라도, 그 누구도 피해자인 경찰관이 행동을 잘못하였다고 생각하지 않았습니다. 오히려 모두들 경찰관을 좋게 생각했고 가해자를 심하게 비난했습니다.

하지만, 대법원은 실제로 모욕이 되었는지와 무관하게 모욕적인 발언을 하였다면, 그 자체로 모욕죄가 성립한다고 판단하였습니다.

참고로 판례 원문을 공유합니다.

대법원 2017. 4. 13. 선고 2016도15264 판결 [모욕]

가. 모욕죄는 공연히 사람을 모욕하는 경우에 성립하는 범죄로서(형법 제311조), 사람의 가치에 대한 사회적 평가를 의미하는 외부적 명예를 보호법익으로 하고, 여기에서 모욕이란 사실을 적시하지 아니하고 사람의 사회적 평가를 저하시킬 만한 추상적 판단이나 경멸적 감정을 표현하는 것을 의미한다. 그리고 모욕죄는 피해자의 외부적 명예를 저하시킬 만한 추상적 판단이나 경멸적 감정을 공연히 표시함으로써 성립하는 것이므로 피해자의 외부적 명예가 현실적으로 침해되거나 구체적·현실적으로 침해될 위험이 발생하여야 하는 것도 아니다(대법원 2016. 10. 13. 선고 2016도9674 판결 등 참조).

나. 그런데 원심판결 이유와 원심이 적법하게 채택한 증거에 의하면, 피고인이 택시를 타고 목적지까지 갔음에도 택시기사에게 택시요금을 주지 않자 택시기사가 경찰서 지구대 앞까지 운전하여 간 다음 112 신고를 하였고,

위 지구대 앞길에서 피해자를 포함한 경찰관들이 위 택시에 다가가 피고인에게 택시요금을 지불하라고 요청하자 피고인이 "야! 뭐야!"라고 소리를 쳐서 피고인을 택시에서 내리게 한 후, 피해자가 피고인에게 "손님, 요금을 지불하고 귀가하세요."라고 말하자 피고인이 피해자를 향해 "뭐야. 개새끼야.", "뭐 하는 거야. 새끼들아.", "씨팔놈들아. 개새끼야."라고 큰소리로 욕설를 한 사실을 알 수 있다.

다. 위와 같은 피고인의 발언 내용과 그 당시의 주변 상황, 경찰관이 현장에서 피고인에게 위와 같은 권유를 하게 된 경위 등을 종합해 보면, 당시 피고인에게 정당한 요금을 지불하게 하고 안전하게 귀가하게 하기 위하여 법집행을 하려는 경찰관 개인을 향하여 경멸적 표현을 담은 욕설을 함으로써 경찰관 개인의 인격적 가치에 대한 평가를 저하시킬 위험이 있는 모욕행위를 하였다고 볼 것이고, 이를 단순히 당시 상황에 대한 분노의 감정을 표출하거나 무례한 언동을 한 정도에 그친 것으로 평가하기는 어렵다. 그리고 설령 그 장소에 있던 사람들이 전후 경과를 지켜보았기 때문에 피고인이 근거 없이 터무니없는 욕설을 한다는 사정을 인식할 수 있었다고 하더라도 공연성 및 전파가능성도 있었다고 보이는 이상, 피해자인 경찰관 개인의 외부적 명예를 저하시킬 만한 추상적 위험을 부정할 수는 없다고 할 것이다.

위 판례를 보십시오. 피해자에게 모욕이라는 피해가 실제로 일어나지 않았습니다. 대법원은 가해자를 모욕죄로 처벌했습니다.

실제로 모욕을 당하지 않아도, 모욕죄로 처벌할 수 있습니다.

05

인터넷상에서 욕설하였다. 모욕죄로 처벌될까?

사이버 명예훼손에 대처하기

05

인터넷상에서 욕설하였다.
모욕죄로 처벌될까?

대전서부경찰서

제 2023-0████ 호

2023. 6. 14.

수 신 : ████ 귀하

제 목 : 수사결과 통지서(고소인등·불송치)

귀하와 관련된 사건에 대하여 다음과 같이 결정하였음을 알려드립니다.

접수일시	2023. 1. 30.	사건번호	2023-C███
죄 명	모욕		
결 정 일	2023. 6. 14.		
결정종류	불송치 (혐의없음)		
담당 팀장	사이버범죄수사팀 경감 ████	☎ 042-600-0500

※ 범죄피해자 권리 보호를 위한 각종 제도

○ 범죄피해자 구조 신청제도(범죄피해자보호법)
 · 관할지방검찰청 범죄피해자지원센터에 신청
○ 의사상자예우 등에 관한 제도(의사상자예우에관한법률)
 · 보건복지부 및 관할 자치단체 사회복지과에 신청
○ 범죄행위의 피해에 대한 손해배상명령(소송촉진등에관한특례법)
 · 각급법원에 신청, 형사재판과정에서 민사손해배상까지 청구 가능
○ 가정폭력·성폭력 피해자 보호 및 구조
 · 여성 긴급전화(국번없이 1366), 아동보호 전문기관(1577-1391) 등
○ 뺑소니·무보험 차량에 의한 교통사고 피해자 구조제도(자동차손해배상보장법)
 · 자동차손해배상진흥원(1544-0049)에 청구 가능
○ 국민건강보험제도를 이용한 피해자 구조제도
 · 국민건강보험공단 급여관리실, 지역별 공단지부에 문의
○ 법률구조공단의 법률구조제도(국번없이 132 또는 각 공단 지부·출장소)
 · 범죄피해자에 대한 무료법률구조(손해배상청구, 배상명령신청 소송대리 등)
○ 범죄피해자지원센터(국번없이 1577-1295)
 · 피해자 가족, 유족등에 대한 전화상담 및 면접상담 등
○ 국민권익위원회의 고충민원 접수제도
 · 국민신문고 www.epeople.go.kr, 정부민원안내콜센터 국번없이 110
○ 국가인권위원회의 진정 접수제도
 · www.humanrights.go.kr, 국번없이 1331

대전서부경찰서장

-35-

수사기관은 가벼운 욕설에 대해서 불송치합니다. 불송치결정문입니다.

인터넷상에서 욕설하면, 무조건 처벌받을까요?

수사기관은 욕설을 하게 된 사실관계, 욕설의 수위 등을 종합하여 판단을 내리고 있습니다.

현실에서는 타인에게 욕설을 하면, 대부분 처벌을 받습니다. 반면, 사이버상에서는 다른 사람에게 심한 말을 하더라도 전부 처벌되지 않습니다. 얼굴을 바로 보고 욕설을 하는 것과, 대면하지 않고 인터넷상에서 욕설을 하는 행위에 차별을 두고 있습니다.

반대로 생각해 봅시다. 인터넷상에서 욕설을 심하게 했더라도, 욕설하게 된 구체적인 경위들을 자세히 설명한다면, 무혐의 처분을 받을 수도 있습니다.

사이버상 모욕죄가 아닌 현실상 모욕죄 사안입니다. 모욕죄에 대해서 더 잘 파악할 수 있다고 생각해서, 위 내용들을 공유합니다.

[인정한 사례]

대법원 2017. 4. 13. 선고 2016도15264 판결 [모욕]

1. 모욕죄는 공연히 사람을 모욕하는 경우에 성립하는 범죄로서(형법 제 311조), 사람의 가치에 대한 사회적 평가를 의미하는 외부적 명예를 보호법익으로 하고, 여기에서 모욕이란 사실을 적시하지 아니하고 사람의 사회적 평가를 저하시킬 만한 추상적 판단이나 경멸적 감정을 표현하는 것을 의미

한다. 그리고 모욕죄는 피해자의 외부적 명예를 저하시킬 만한 추상적 판단이나 경멸적 감정을 공연히 표시함으로써 성립하는 것이므로 피해자의 외부적 명예가 현실적으로 침해되거나 구체적·현실적으로 침해될 위험이 발생하여야 하는 것도 아니다(대법원 2016. 10. 13. 선고 2016도9674 판결 등 참조).

2. 그런데 원심판결 이유와 원심이 적법하게 채택한 증거에 의하면, 피고인이 택시를 타고 목적지까지 갔음에도 택시기사에게 택시요금을 주지 않자 택시기사가 경찰서 지구대 앞까지 운전하여 간 다음 112 신고를 하였고, 위 지구대 앞길에서 피해자를 포함한 경찰관들이 위 택시에 다가가 피고인에게 택시요금을 지불하라고 요청하자 피고인이 "야! 뭐야!"라고 소리를 쳐서 피고인을 택시에서 내리게 한 후, 피해자가 피고인에게 "손님, 요금을 지불하고 귀가하세요."라고 말하자 피고인이 피해자를 향해 "뭐야. 개새끼야.", "뭐 하는 거야. 새끼들아.", "씨팔놈들아. 개새끼야."라고 큰소리로 욕설를 한 사실을 알 수 있다.

3. 위와 같은 피고인의 발언 내용과 그 당시의 주변 상황, 경찰관이 현장에서 피고인에게 위와 같은 권유를 하게 된 경위 등을 종합해 보면, 당시 피고인에게 정당한 요금을 지불하게 하고 안전하게 귀가하게 하기 위하여 법집행을 하려는 경찰관 개인을 향하여 경멸적 표현을 담은 욕설을 함으로써 경찰관 개인의 인격적 가치에 대한 평가를 저하시킬 위험이 있는 모욕행위를 하였다고 볼 것이고, 이를 단순히 당시 상황에 대한 분노의 감정을 표출하거나 무례한 언동을 한 정도에 그친 것으로 평가하기는 어렵다. 그리고 설령 그 장소에 있던 사람들이 전후 경과를 지켜보았기 때문에 피고인이 근거 없이 터무니없는 욕설을 한다는 사정을 인식할 수 있었다고 하더라도 공연성 및 전파가능성도 있었다고 보이는 이상, 피해자인 경찰관 개인의 외부적 명예를 저하시킬 만한 추상적 위험을 부정할 수는 없다고 할 것이다.

[부정한 사례]

대법원 2015. 9. 10. 선고 2015도2229 판결 [모욕]

1. 형법 제311조의 모욕죄는 사람의 가치에 대한 사회적 평가를 의미하는 외부적 명예를 보호법익으로 하는 범죄로서, 모욕죄에서 말하는 모욕이란 사실을 적시하지 아니하고 사람의 사회적 평가를 저하시킬 만한 추상적 판단이나 경멸적 감정을 표현하는 것을 의미한다(대법원 1987. 5. 12. 선고 87도739 판결, 대법원 2003. 11. 28. 선고 2003도3972 판결 등 참조). 따라서 어떠한 표현이 상대방의 인격적 가치에 대한 사회적 평가를 저하시킬 만한 것이 아니라면 설령 그 표현이 다소 무례한 방법으로 표시되었다 하더라도 이를 두고 모욕죄의 구성요건에 해당한다고 볼 수 없다.

2. 적법하게 채택된 증거들에 의하면, 이 사건 공소사실 당시 입주자대표회의 감사인 피고인은 아파트 관리소장인 공소외인의 외부특별감사에 관한 업무처리에 항의하기 위해 아파트 관리소장실을 방문한 사실, 그 자리에서 피고인과 공소외인은 업무처리 방식을 두고 언쟁을 하게 되었는데, 그 과정에서 피고인이 공소외인에게 "야, 이따위로 일할래."라고 말하자 공소외인이 "나이가 몇 살인데 반말을 하느냐"고 말하였고, 이에 피고인이 "나이 처먹은 게 무슨 자랑이냐."라고 말한 사실, 당시 관리소장실 안에는 피고인과 공소외인만 있었으나 관리소장실의 문이 열려 있었고, 관리소장실 밖의 관리사무소에는 직원 4~5명이 업무를 하고 있었던 사실을 알 수 있다.

이러한 사실관계와 함께 기록에 의하여 인정되는 피고인과 공소외인의 관계, 피고인이 이러한 발언을 하게 된 경위와 발언의 횟수, 발언의 의미와 전체적인 맥락, 발언을 한 장소와 발언 전후의 정황 등에 비추어 보면, 피고인의 위 발언은 상대방을 불쾌하게 할 수 있는 무례하고 저속한 표현이기는 하지만 객관적으로 공소외인의 인격적 가치에 대한 사회적 평가를 저하시킬 만한 모욕적 언사에 해당한다고 보기는 어렵다.

사이버 명예훼손에 대처하기

06

트위치 TV 관련,
모욕죄를 해결한 사안

사이버 명예훼손에 대처하기

06

트위치 TV 관련, 모욕죄를 해결한 사안

아래에는 사안을 간단히 요약해 보았습니다.

의뢰인은 트위치TV라는 플랫폼에서 방송하고 있습니다. 한편, 가해자는 위 트위치 TV를 보는 시청자입니다. 의뢰인은 다양한 종류들의 콘텐츠들을 위 트위치 TV 채널에 올렸습니다.

가해자는 아래와 같이 모욕하였습니다.

가해자는 의뢰인이 운영하는 위 트위치TV 일반게시판에 아래와 같이 의뢰인을 모욕하는 취지의 글을 게시하였습니다.

bs아 그냥 이거가지고 고소해라 ㅋㅋㅋ 녹음은 당연하지 bs아
야 재밌냐? ㅋㅋㅋ 그냥 여기서 손가락 쳐움직이질 말고 고소를 해 bs아 ㅋㅋ
니가 bs이라서 포기한거지. ㅋㅋㅋㅋ니명예실추될거 같앗으면 니가 내렸겠지
재밌어서 나 빡치라고 놀아준다면서 수신건부하고 튀어버리면
니가 빡친것처럼 보이잖아.
쫄은거 같으니깐

의뢰인은 저를 통해 작성자를 모욕죄로 고소하였습니다.

여기서 bs의 뜻을 알아보겠습니다.

A when the fish meets water 2020.10.29.

BS같아도 상관 안한다

병신같아보여도 상관없다 내가 병신이 아니면 되는거다 세상에 있는 사람의 수 만큼 다양한 시야가 있고 기준이 있다 심지어 기준이 바뀌고 있는 시대에 살고 있다. 더구나 다양성을 인정하고 존중하고 공감과 소통을..

VIEW 더보기 →

theqoo.net · total

전체 게시판 - 누가 KBS의 **BS** 오늘은

병신의 약자라는데메뉴 건너뛰기 전체 HOT 스퀘어 뷰티 알상토크 케이돌토크 드영배 재팬 로그인 내 즐겨찾기 관리 전체 게시판 카테고리 - 1 14 무명의 더쿠 https://theqoo.net/1697907024 목록 댓글 14개 1. 무명의 더쿠 2020-11-08 21:19:17 비회원은 작성된 지 1시간 이내의 댓글은 읽을 수 없습니다. 로그인 후에 바로 열람 가능... 2020.11.08.

www.fmkorea.com

존나 **병신**같은데 솔까 재밌어보이는 일본 방송 JPG - 포텐 터짐 최신순 - 에...

NHK **BS** 프리미엄에서 해주는 '마개조의 밤'이라는 방송이 위험하다. T대와 T사와 H제작소가 토스터를 마개조해서 제일 높이 띄워올리는 걸 겨루는데 텔레비전을 보면서 주먹을 치켜올린 건 처음이었다. 스포츠보다 더 뜨거웠다. 뭔가 위험하냐면 다음주에는 걷는 개 장난감을 마개조한다고 한다. 본방사수! 첫번째 과제는 팝업토... 2020.06.26.

namu.wiki · 병신력

병신력 - 나무위키

병신력이 넘친다는 기준은 다음과 같다. 얼핏보면 비하 용어인 것 같고, 실제로도 그렇게 쓰이지만, 칭찬으로도 사용되기도 한다. 예를 들어 병맛물을 그리는 작가에게는 병신력이 넘친다는건 병신력이 넘치는(?) 칭찬인 셈. 그러나 대부분 재능낭비류의 부정적인 의미가 섞인 칭찬이다. 병신력의 귀감이 되는 것을 병신력 측정기라고...

설명   예시   관련 문서

blog.naver.com · ash1106

좋은 이야기-070419 [아! 이런 삶들도...**BS**클럽(**병신클럽**

이런 삶들도...**BS**클럽(**병신클럽**) '좋은 문장이 우리 주변 사항 나 고통 당시 심심 에너지 이상 스트레스 명망 사라져 ... 인생의 참 의미를 배워' 1964년 휘문고 졸업생 중 암·중풍·신부전증 걸린 9명... "현재를 살아라!" 당연한 말처럼 들리지만 실제로 과거에 발목 잡히지 않고, 미래를 지레 두려워하지 않으며 지금, 현재를 운전히 내 시간... 2007.04.19.

사안을 분석해 봅시다.

명예훼손죄가 성립하기 위해서는, "공연성", "특정성" 및 "비방할 목적"이라는 요건을 충족해야 합니다. 각각의 요건들에 관해서는 다른 장(chapter)에서 살펴보겠습니다.

"공연성"

트위치 TV 일반게시판은 일반인들에게 공개되어 있습니다. 많은 사람들이 위 게시판을 보고 있습니다. 제출한 자료들을 보더라도, 여러 사람들이 위 글들을 읽었다는 사실을 확인할 수 있습니다.

"특정성"

정보통신망법상 명예훼손죄 내지 형법상 모욕죄가 성립되기 위해서는 피해자가 "특정"되어야 합니다. 이러한 피해자의 특정을 위하여 반드시 그 사람의 성명을 명시할 것을 요하는 것은 아닙니다. 표현의 내용을 주위 사정과 종합 판단하여 그것이 어느 특정인을 지목하는 것인지를 알 수 있는 경우에는 그 특정인에 대한 명예훼손죄 내지 모욕죄가 성립합니다.

> 대법원 2002. 5. 10. 선고 2000다50213 판결
>
> 명예훼손에 의한 불법행위가 성립하려면 피해자가 특정되어 있어야 하지만, 그 특정을 할 때 반드시 사람의 성명이나 단체의 명칭을 명시해야만 하는 것은 아니고, 사람의 성명을 명시하지 않거나 또는 두문자(두문자)나 이니셜만 사용한 경우라도 그 표현의 내용을 주위사정과 종합하여 볼 때 그 표시가 피해자를 지목하는 것을 알아차릴 수 있을 정도이면 피해자가 특정되었다고 할 것이다.

의뢰인은 채널 창에 실제 사진, 전화번호 등 개인정보들을 게시하고 있었습니다. 위 채널은 의뢰인을 명백히 알려주는 인스타그램이 연결되어 있습니다. 위와 같은 개인정보들을 위 채널에 올렸습니다.

지인들이 의뢰인이 위 채널을 운영한다는 사실을 잘 알고 있습니다. 위

"특정성" 요건은 넉넉하게 성립합니다.

"비방할 목적"

가해자가 게재한 BS라는 내용은 일반적으로 병신이라는 취지로 사용되는 것으로 보입니다. 위에서 본 것처럼, BS가 병신이라는 내용으로 일반적으로 통용되고 있다는 점을 보여주는 예시입니다.

의뢰인과 가해자가 나눈 대화를 통해서도, 위 BS가 욕설을 의미한다는 점을 충분하게 예상할 수 있습니다.

트위치 TV 모욕죄 해결이 되었을까요? 결론은 어떨까요?

트위치 TV 모욕죄 관련하여 약식명령으로 기소되었습니다. 다만, 의뢰인이 가해자와 합의하였습니다. 결론적으로 검찰은 "공소권 없음"으로 종결하였습니다.

(오늘) 오후 4:43

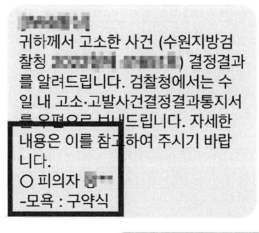

귀하께서 고소한 사건 (수원지방검찰청 ▨▨▨▨▨▨▨) 결정결과를 알려드립니다. 검찰청에서는 수일 내 고소·고발사건결정결과통지서를 우편으로 보내드립니다. 자세한 내용은 이를 참고하여 주시기 바랍니다.
○ 피의자 ▨
-모욕 : 구약식

07

직장 내 명예훼손,
그 해결 과정에 관해서 자세히 알려드립니다.

07

직장 내 명예훼손,
그 해결 과정에 관해서 자세히 알려드립니다.

주변 동료들이 말도 되지 않는 험담들을 하나요?

직장 내 명예훼손으로, 심하게 고통받고 있으신가요?

제가 맡았던 사건을 통해서, 해결 과정을 자세하게 알려드립니다.

사건의 경위는 다음과 같습니다.

의뢰인은 유명한 대기업에서 재무팀 팀장으로 일하고 있습니다. 가해자들은 과거 의뢰인과 함께 일해 왔습니다. 또는, 현재에도 함께 근무 중인 자들입니다. 일부는 퇴사한 직원들입니다.

의뢰인은 위 대기업 다른 팀 소속 팀장들과도 친하게 지내는 사이입니다. 의뢰인은 다른 팀 소속 팀장들과 함께 어울려서 함께 영화를 보러 갔습니다. 별도로 시간을 내어서 식사도 하였습니다.

의뢰인이 가해자보다 먼저 팀장으로 승진하게 되었습니다. 의뢰인은 가해자들을 제외한 다른 팀장들과도 자연스럽게 친하게 지냈습니다.

다시 말해서, 의뢰인은 원래 가해자들과 친하게 지냈습니다. 하지만 먼저 팀장으로 승진을 하게 되어서, 다른 팀 팀장들과 더 가깝게 지낸 것입니다.

의뢰인은 회사 내 같은 팀장들과 가깝게 지냈습니다. 팀장들 중에는 남성도 있었고, 여성도 있었습니다. 자연스럽게 물건을 저렴하게 구매할 수 있는 사이트를 공유하였습니다. 크리스마스나 명절에 선물도 주고 받았습니다.

의뢰인은 위 팀장들과 친한 동료이었을 뿐입니다. 그들과 "연인관계"이었다거나 소위 "불륜관계"에 있었던 사실은 없습니다.

의뢰인은 2022년 10월경 다른 부서 직원들로부터 의뢰인에 대해서 이상한 소문이 돌고 있다는 이야기를 전해 들었습니다.

가해자들이 다른 직원들과 모여 있을 때, 의뢰인에 대해서 수위가 높은 이야기를 한다는 것이었습니다. 의뢰인은 당시 회사 내에서 돌고 있는 일상적인 험담 등으로 생각했습니다. 별도로 이에 대해 문제 삼지 않았습니다.

의뢰인은 2022년 11월 25일 다른 팀장들로부터 아래와 같은 충격적인 이야기를 들었습니다.

가해자들이 사내메신저를 통해서 의뢰인에 대한 불륜에 대한 소문을 만들어 내서, 퍼뜨리고 있다고 합니다. 소위 "직장 내 명예훼손"입니다.

가해자들은 아래와 같이 사내메신저를 통해서, 의뢰인과 같은 회사 팀장인 ○○○과 불륜관계라는 취지의 대화를 나누며, 의뢰인의 명예를 훼손하였습니다.

상상하다 보면 끝이 없고 자꾸 19금으로 가서.

그 둘이 같이 들어와서 테이크 아웃해 가더라고요 데이또 하고 왔나 봐요 똥묻은 개가 겨 묻은 개 나무란다고, 볼수록 가관이에요!! 보는 것만으로도 스트레스

우리 남편이 저 두 사람이 스타벅스 들어가는거 보고 무슨 관계냐고 물었어요.

남편이 봐도 둘 관계가 이상했나 봐요.. 눈치 1도 없는 저희 남편이 이상하다고 생각할 정도면 정말 이상한 거에요.

둘이 모텔 다녀왔나?

미쳤다는 말밖에. 뇌구조가 궁금해요

젊은 남녀 사이가 무슨 문제예요?

지금 유부녀가 총각 만나는 일도 있구만

결론은?

명예훼손으로 고소했습니다. 혐의가 인정되었습니다. 경찰서는 검찰에 사건을 송치했습니다. 가해자들은 모두 의뢰인에게 진솔하게 사과하였습니다. 합의로 마무리하였습니다.

직장내 명예훼손을 당하고 계시나요?

참기보다는 형사절차를 이용해 보세요.

08

정보통신망법 명예훼손 기소유예를 받는
또 다른 방법?

08

정보통신망법 명예훼손 기소유예를 받는
또 다른 방법?

정보통신망법 명예훼손으로 고소를 당했을 경우, 기소유예 받는 방법을 궁금해합니다.

정보통신망 이용촉진 및 정보보호 등에 관한 법률 중 명예훼손 부분을 살펴봅시다.

제70조(벌칙) ① 사람을 비방할 목적으로 정보통신망을 통하여 공공연하게 사실을 드러내어 다른 사람의 명예를 훼손한 자는 3년 이하의 징역 또는 3천만원 이하의 벌금에 처한다. <개정 2014. 5. 28.>
② 사람을 비방할 목적으로 정보통신망을 통하여 공공연하게 거짓의 사실을 드러내어 다른 사람의 명예를 훼손한 자는 7년 이하의 징역, 10년 이하의 자격정지 또는 5천만원 이하의 벌금에 처한다.
③ 제1항과 제2항의 죄는 피해자가 구체적으로 밝힌 의사에 반하여 공소를 제기할 수 없다.

이전 장(CHAPTER)에서, "공공의 이익"을 최대한 주장하라는 취지로 말씀드렸습니다. 이러한 방법들을 사용하면, 생각보다 훨씬 기소유예를 많이 받을 수 있습니다. 실무적으로는 이러한 방법들 이외에도 좀 더 현실적인 방법들도 있습니다.

합의를 진행하면, "공소권 없음"으로 불기소처분을 받을 수 있습니다. 위 법률 제70조 제3항을 살펴보면, 정보통신망법상 명예훼손죄를 반의사 불벌죄로 규율하고 있습니다.

피해자와 합의하는 과정에서, 피해자가 거액의 합의금을 요구하는 경우가 있습니다. 또한, 도저히 받아들일 수 없는 조건을 내세우기도 합니다. 예컨대, 반성문 100번을 쓰라거나, 회사 전체에 사과문을 돌리라는 요청을 합니다. 더 나아가, 합의 자체를 거절하기도 합니다.

한편, 가해자는 금전적인 손해를 보지 않습니다. 동시에 기소유예를 받고 싶어 합니다.

기소유예를 받는 방법은 크게 2가지로 나눕니다.

그 중 소극적인 방법을 살펴봅시다. 위와 같이 글을 쓰게 된 불가피한 상황들을 자세하게 기재합니다. 예컨대, 가해자가 자신이 처한 힘든 상황, 위와 같은 글을 쓰게 된 경위 등을 정리해서 제출하는 방식입니다. 선처를 바라는 방법입니다.

다른 방법을 살펴보면, 위 고소 내용들이 전혀 죄가 되지 않는다고 주장하는 것입니다. 검사가 약식명령을 못하게 막는 적극적인 방법입니다. 예컨대, 사회상규에 위배되지 않을 만큼 미미한 욕설들에 불과하다던지, 공익적인 측면들을 내세워서 "공공의 이익'이 있다고 주장합니다.

위와 같은 적극적인 방법을 펼쳤을 경우, 검사는 유죄인지 무죄인지에 대해서 심각하게 고민합니다. 피의자를 함부로 기소하기 어렵다는 판단을 합니다. 기소유예 처분을 내려서, 피의자에게 한 번 더 기회를 줍니다.

09

인터넷 기사에 작성한 댓글,
고소당하셨나요?

09

인터넷 기사에 작성한 댓글, 고소당하셨나요?

인터넷 기사에 작성한 댓글, 고소당하셨나요? 무혐의를 받는 확실한 방법들을 알려드리려고 합니다. 명시적으로, 그 방법을 설명하기보다는 제 변호인의견서를 보여드리겠습니다.

제가 변호인의견서를 자세히 작성하였으나, 그 내용을 전부 기재할 경우 30페이지를 넘기 때문에, 본서에서는 간략히 요약한 내용들만 보여드리려 합니다. 특히, 인용한 판례들을 참고하시기 바랍니다.

변호인을 선임하시면 더 좋습니다. 불가피할 경우, 직접 아래 내용을 참고하셔서 의견서를 작성하여 제출하시기 바랍니다.

〈변호인의견서 요약내용〉

[사안의 개요]
고소인은 국내 메이저신문사에서 기자로 일하고 있습니다. 의뢰인은 위 인터넷신문을 읽는 구독자입니다.

의뢰인이 2022년 12월 31일 고소인에게 "○○ 신문사 출신 불법취재, 허위기사 ○○○은 본인처럼 사람들이 막 사는 줄 아나 보다."라는 댓글을 기재하였습니다. 다시 말해서, 의뢰인이 기자에 관해 위와 같은 명예훼손적인 댓글을 적은 것입니다.

기자인 고소인은 경찰서에 의뢰인을 고소하였습니다. 비방할 목적으로, 뉴스 기사에 공공연하게 사실을 적시하여 고소인의 명예를 훼손하였다는 취지입니다. 다시 말해서, 인터넷 명예훼손으로 고소한 사안입니다.

[변호인의견서 내용]

1. 의뢰인이 작성한 댓글들을 살펴보면, 여러 가지 사실관계에 비추어 볼 때, 사회상규조차 벗어나지 않는 수준의 글들로 가벌성이 없는 행위일 뿐입니다.

　가. 형법 제20조에 따르면, 사회상규에 위배되지 않는 행위를 벌하지 아니한다고 규정하고 있습니다.
　　의뢰인은, 허위에 기해서 위와 같은 글을 작성한 것이 아닙니다. ○○ 신문에 게재된 기사 등을 통해서 정당한 근거를 바탕으로 이러한 글을 작성하였습니다. 전반적으로 의뢰인이 작성한 글을 살펴봅시다. 위와 같은 글 내용은 가벌성이 없는 사회상규에 위배되지 않는 행위입니다.

　나. ○○○ 신문은 아래와 같이 고소인에 대해서 자세하게 보도한 적이 있습니다. 많은 사람들이 이미 위와 같은 사실을 알고 있는 것으로 보입니다.

　다. 의뢰인도 고소인이 위와 같은 행위를 한 사실 및 이로 인해 기사로 실린 사실들도 알고 있었습니다. 의뢰인은 위와 같은 댓글을 작성하였습니다. 그 댓글 아래에 신문기사 인터넷 주소를 게재하여 다른 사람들에게 사실 여부를 확인시켜 주었습니다.

라. 다시 말해서, 의뢰인은 이미 고소인이 "불법취재, 허위기사" 등 불법행위를 행하였던 사실들을 알고 있었습니다.

또한, 위와 고소인이 작성한 위와 같은 추측성 기사를 보고서, 이에 대해서 반박할 필요가 있다고 생각하게 된 것입니다.

마. 언론중재 및 피해구제 등에 관한 법률 제5조 제1항은 "언론, 인터넷뉴스서비스 및 인터넷 멀티미디어 방송(이하 "언론등"이라 한다)은 타인의 생명, 자유, 신체, 건강, 명예, 사생활의 비밀과 자유, 초상(초상), 성명, 음성, 대화, 저작물 및 사적(사적) 문서, 그 밖의 인격적 가치 등에 관한 권리(이하 "인격권"이라 한다)를 침해하여서는 아니 된다."고 정하고 있습니다.

바. 가사, 의뢰인이 게재한 댓글에 고소인에 대한 명예를 훼손하는 사실인 "불법취재, 허위사실"이라는 표현을 하였을 수도 있습니다.

(1) 이러한 내용들은 정당한 근거라 볼 수 있는 신문 기사를 기초로 작성하였습니다.

(2) 더 나아가, 기자인 고소인이 위와 같은 글을 게재할 때에는 정당한 절차를 거쳐서 확실한 사실에 기초해서 글을 써야 한다는 생각에 위와 같이 글을 게재했습니다.

사. 결론적으로, 의뢰인이 표현한 위 댓글을 살펴보면, 사회상규에 반하지 않는 형법상 정당행위 내지 가벌성이 없는 행위에 해당합니다.

2. 의뢰인이 작성한 위와 같은 댓글을 처벌할 경우, 종국적으로는 사회적으로 표현의 자유 내지 언론의 자유를 침해하는 결과를 초래할 것으로 생각됩니다.

가. 의뢰인이 위와 같은 댓글을 게재한 경위를 자세히 살펴봅시다. 의뢰인은 악의적으로 위와 같이 고소인을 비판한 것이 아닙니다.

나. 근거가 부족한 기사들로 인해 무고한 사람들을 보호하려는 차원에서 이러한 내용을 게재하였습니다.

다. 건전한 비판적인 댓글을 명예훼손이라는 이유로 처벌할 경우, 국내외 게재된 수 많은 댓글도 모두 처벌해야 한다는 이상한 결과가 초래됩니다.

라. 뿐만 아니라, 인터넷 명예훼손으로 국민들의 표현의 자유 내지 언론의 자유를 지나치게 제한하게 됩니다. 오히려 대다수의 국민들에게 좋지 않은 결과까지 가져오게 될 것입니다.

마. 예컨대, 완전한 사인이라고 볼 수 있는 학원강사 내지 프로야구 선수도 과거 범죄행위 등이 있을 경우, 많은 이들이 댓글로 이러한 사실을 드러내기도 하며 비판하기도 합니다. 하지만, 이러한 댓글을 작성한 자들이 모두 처벌받지는 않습니다. 어느 정도 표현의 자유의 영역 내라고 생각되기 때문입니다.

바. 의뢰인이 작성한 댓글은 위와 같은 댓글을 작성한 목적, 그 내용의 수위, 고소인의 직업 등을 생각해봅시다. 의뢰인이 작성한 글은 국민의 표현의 자유 범주 내에 해당합니다.

3. 의뢰인은 위 글을 작성할 당시에는, 고소인의 명예를 훼손한다는 인식이 없었습니다. 뿐만 아니라 명예훼손에 대한 미필적 고의 자체도 없었던 것으로 보입니다.

　가. 피고소인은 의뢰인을 "불법취재, 허위기사"라고 표현하였습니다. 이러한 표현들은 그 단어 자체만 동떨어 뜨려서 보아서는 아니됩니다. 오히려, 문맥의 흐름이나 위 글을 작성한 경위와도 연관지어 판단해야만 합니다.

　나. 주지하다시피, 인터넷 명예훼손에 해당하려면, 타인의 명예를 훼손하는데 적합한 사실을 적시한다는 고의가 반드시 있어야만 합니다.

　다. 의뢰인이 고소인을 "불법취재 허위기사"라고 기재하였습니다. 그러나, 문장의 전체적인 내용을 살펴보면, 근거 없는 기사 작성을 비판하기 위해서 위와 같은 단어를 사용하였을 뿐입니다. 고소인의 명예를 훼손하려는 의도로 위와 같은 글을 쓴 것이 아닌 것이 명백합니다.

　라. 다시 말해서, 의뢰인이 위와 같은 단어를 작성하였고, 그로 인해서 고소인이 명예가 훼손되었다 하더라도, 의뢰인이 표현한 내용은 사소한 것으로서 의뢰인이 실수로 작성한 것일 뿐입니다. 고의적으로 누군가를 해하려는 의도는 전혀 없었습니다.

4. 의뢰인이 작성한 댓글들은 정보통신망법이 요구하는 "비방할 목적"이 없습니다. 오히려, 의뢰인이 작성한 전체 댓글은 공공의 이익이 있는 것으로 판단됩니다.

가. 대법원 판결에 의하면, "정보통신망 이용촉진 및 정보보호 등에 관한 법률 제61조에 규정된 '사람을 비방할 목적'이라 함은 가해의 의사 내지 목적을 요하는 것으로서, 사람을 비방할 목적이 있는지 여부는 당해 적시 사실의 내용과 성질, 당해 사실의 공표가 이루어진 상대방의 범위, 그 표현의 방법 등 그 표현 자체에 관한 제반 사정을 감안함과 동시에 그 표현에 의하여 훼손되거나 훼손될 수 있는 명예의 침해 정도 등을 비교, 고려하여 결정해야 한다."고 판시하고 있습니다(대법원 2008. 9. 25. 선고 2008도4740 판결 [정보통신망이용촉진및정보보호등에관한법률위반(명예훼손)]).

나. 의뢰인이 작성한 인터넷 명예훼손에 해당하는 단어는 "불법취재, 허위기사" 하나의 낱말에 불과한 것으로 보입니다. 또한, 위 단어를 사용한 경위를 비추어 볼 때, 위 단어는 다른 신문 기사에도 근거한 내용으로서 허위도 아닙니다.

다. 의뢰인이 위 단어를 사용한 경위를 자세히 살펴봅시다. 의뢰인은 고소인을 비난하려는 의도보다는 무고한 자가 근거 없이 음해하는 것을 방지하기 위해서 고소인의 발언 내용의 진정성을 탄핵하려는 하나의 방법에 불과합니다. 또한, 의뢰인은 일반인이 아닌 기자로서 정확한 보도를 할 의무가 있으므로, 이러한 보도에 대해서 건전한 비판을 하려는 의도만 있었을 뿐입니다.

라. 공적생활에 관한 사실에 한하지 아니하고 사적 행동에 관한 사실이라도 그것이 공공의 이익이 되는 경우를 포함하는데, 개인의 사적 신상에 관한 사실도 그의 사회적 활동에 관한 비판 내지 평가의 자료가 될 수 있기 때문입니다(대법원 1996. 4. 12. 선고 94도3309 판결).

마. 위와 같은 판례의 태도, 의뢰인이 위와 같은 글을 쓰게 된 경위를 살펴보면, 피고소인에게는 정보통신망법이 요구하는 "비방의 목적" 이 없는 것으로 생각됩니다.

바. 결론적으로, 위 비방의 목적이 인정되지 않는 이상, 정보통신망법 위반죄도 성립할 여지가 없습니다.

5. 고소인 조차도 자신이 불법취재와 관련된 사안에 대해서 반성하고 있는 점, 이러한 행동이 기자로서 마땅히 비판받아야 하는 점 등을 고려해 볼 때, 의뢰인은 단순히 "불법취재 허위기사"라고 한 단어는 인터넷 명예 훼손이라기보다는 고소인에 대한 정당한 비판으로 생각됩니다.

가. 기자는 어느 정치인이나 유명인 또는 공직자보다도 많은 윤리를 필 요로 하는 직업입니다. 특히, ○○○과 같은 메이저언론사 기자는 매우 큰 영향력을 끼칠 수 밖에 없습니다. 어느 공직자보다도 사실 상 공적인 인물로 판단되어야 할 것입니다.

나. 공적인물에 대한 보도로서 원고들이 수치심, 불안, 불쾌감을 느낄만 한 내용이 아닙니다. 이미 공중에게 알려진 사실로서 새로운 내용 의 보도가 아닌 것은 사생활 침해에 해당하지 않습니다(서울고등법 원 2012. 3. 9. 선고 판결 [사생활침해행위금지등]).

다. 대법원은 아래와 같이 이러한 공적인 인물에 대하여는 일반적인 사 인보다는 더 넓은 비판을 받아야 합니다. 이러한 공적인 인물은 이 러한 비판을 감내해야 한다고 판시하고 있습니다.

(1) 표현행위자가 타인에 대하여 비판적인 의견을 표명한 때에 그 표

현행위의 형식과 내용 등이 모욕적이고 경멸적인 인신공격에 해당
하거나 혹은 타인의 신상에 관하여 다소간의 과장을 넘어서서 사
실을 왜곡하는 공표행위를 함으로써 그 인격권을 침해한 경우에는
의견표명으로서의 한계를 벗어난 것으로서 불법행위가 될 수 있다.

(2) 한편 정치인이나 공직자 등 공적인 인물의 공적 영역에서의 언행
이나 관계와 같은 공적인 관심 사안은 그 사회적 영향력 등으로
인하여 보다 광범위하게 공개·검증되고 문제제기가 허용되어야
한다. 따라서 그에 대한 비판적인 표현이 악의적이거나 현저히 상
당성을 잃었다고 볼 정도에 이르지 않는 한, 이를 쉽게 불법행위
에 해당한다거나 법적인 책임을 져야 한다고 볼 것은 아니다. 더
욱이 국민의 대표자인 국회의원은 입법과 국정통제 등에 관한 광
범위한 권한을 부여받고 나아가 그 직무를 적절히 수행할 수 있도
록 면책특권을 보장받는 등으로 통상의 공직자 등과도 현격히 다
른 발언의 자유를 누리는 만큼 그의 공적 영역에서의 활동 등에
대한 비판도 더욱 폭넓게 수인되어야 한다(대법원 2019. 6. 13. 선고
2014다220798 판결 [손해배상(기)]).

다. 고소인은 메이저 회사 소속 기자로서 현재에도 트위터 45만명, 유
튜브 23만 명의 구독자를 가진 사실상 공적인 인물입니다. 고소인
은 기자로서 타인에 대해서 보도를 하고 있으며, 많은 내용을 보
도하더라도 언론의 보호를 받아서 처벌되지 않는 권한도 부여받고
있습니다.

라. 한편 기자는 고도의 윤리를 필요로 하는 직업입니다. 고소인도 기
자로서 이러한 윤리성 등을 감안하여, 불법취재된 사건에 대해서
반성을 하고 있는 것으로 보입니다.

마. 가사, 의뢰인의 발언이 고소인에 대해서 어느 정도 명예훼손적인 면이 있다고 하더라도, 이러한 발언은 명예훼손적인 측면 보다는 위기자에 대한 건전한 비판으로 보아야 합니다. 또한, 위 비판적인 표현이 악의적이거나 현저히 상당성을 잃었다고 볼 수 없습니다.

바. 특히, 이미 고소인 본인도 이러한 행동에 대해서 인터뷰를 통해서 밝힌 적이 있음에도, 이를 언급했다는 이유만으로 명예훼손이라고 치부하기는 어려워 보입니다.

사. 결론적으로, 의뢰인이 작성한 내용은 수치심, 불안, 불쾌감을 느낄 만한 내용이 아니고, 이미 공중에게 알려진 사실로서 새로운 내용이 아니며, 사실상 공적인 인물인 고소인에 대한 사생활 침해 내지 명예훼손이라고 보기 어렵습니다. 이 정도의 표현은 사실상 공적인 인물인 고소인이 감내해야 할 범위 내에 있다고 보입니다.

6. 의뢰인의 댓글은 공공의 이익을 위해서 작성한 것일 뿐, 누군가를 비난하기 위한 의도로 게재한 것은 아닙니다.

가. 대법원 판례에 의하면, "형법 제309조 제1항 소정의 '사람을 비방할 목적'이란 가해의 의사 내지 목적을 요하는 것으로서 공공의 이익을 위한 것과는 행위자의 주관적 의도의 방향에 있어 서로 상반되는 관계에 있다고 할 것이므로, 형법 제310조의 공공의 이익에 관한 때에는 처벌하지 아니한다는 규정은 사람을 비방할 목적이 있어야 하는 형법 제309조 제1항 소정의 행위에 대하여는 적용되지 아니하고 그 목적을 필요로 하지 않는 형법 제307조 제1항의 행위에 한하여 적용되는 것이고, 반면에 적시한 사실이 공공의 이익에 관한 것인 경우에는 특별한 사정이 없는 한 비방 목적은 부인된다

고 봄이 상당하므로 이와 같은 경우에는 형법 제307조 제1항 소정의 명예훼손죄의 성립 여부가 문제될 수 있고 이에 대하여는 다시 형법 제310조에 의한 위법성 조각 여부가 문제로 될 수 있다."고 판시하고 있으며,

나. "형법 제310조에서 '오로지 공공의 이익에 관한 때'라 함은 적시된 사실이 객관적으로 볼 때 공공의 이익에 관한 것으로서 행위자도 주관적으로 공공의 이익을 위하여 그 사실을 적시한 것이어야 하는 것인데, 여기의 공공의 이익에 관한 것에는 널리 국가·사회 기타 일반 다수인의 이익에 관한 것뿐만 아니라 특정한 사회집단이나 그 구성원 전체의 관심과 이익에 관한 것도 포함하는 것이고, 적시된 사실이 공공의 이익에 관한 것인지 여부는 당해 적시 사실의 내용과 성질, 당해 사실의 공표가 이루어진 상대방의 범위, 그 표현의 방법 등 그 표현 자체에 관한 제반 사정을 감안함과 동시에 그 표현에 의하여 훼손되거나 훼손될 수 있는 명예의 침해 정도 등을 비교·고려하여 결정하여야 하며, 행위자의 주요한 동기 내지 목적이 공공의 이익을 위한 것이라면 부수적으로 다른 사익적 목적이나 동기가 내포되어 있더라도 형법 제310조의 적용을 배제할 수 없다. (대법원 1998. 10. 9. 선고 97도158 판결 [출판물에의한명예훼손])."고 정하고 있습니다.

다. 의뢰인은 누군가가 허위기사로 근거도 없이 비방을 받거나 나쁜 소문이 퍼지는 것을 막기 위해서 위와 같은 글을 작성하였을 뿐, 특별히 고소인에 대한 악감정을 가졌다거나 비난을 하려는 것은 아니었습니다.

라. 더 나아가, 의뢰인은 근거를 가지고 진실을 알려야 하는 기자로서

의 책무, 무고하게 소문으로 고통받지 않는 개인의 권리를 보호하고자 하는 목적으로 위와 같은 글을 게재한 것으로 보입니다.

마. 결론적으로, 의뢰인이 게재한 글을 자세히 살펴봅시다. "공공의 이익"을 위해서 위와 같은 내용을 적은 것으로 보입니다.

10

아르바이트생이 동료 험담,
해결한 사안

10

아르바이트생이 동료 험담, 해결한 사안

사건은 아래와 같습니다.

의뢰인은 경희대학교를 졸업하였습니다. 현재까지 사서공무원이 되기를 꿈꾸고 있습니다. 공무원 시험에 응시하고 있습니다. 다만, 경제적인 어려움으로 인해서, 의뢰인은 쿠팡, 마켓컬리 등에서 배송 아르바이트를 하고 있습니다. 일당 세전 9만 5천 원을 받아갑니다. 열심히 살아갑니다.

의뢰인은 파트 타임 이외에도, 생계유지를 위해서 자신의 전공 분야를 살려서 여러 도서관에서 사서로도 근무합니다. 의뢰인은 디시인사이드라는 사이트 내 아르바이트 갤러리에서 아르바이트 인센티브 정보를 알아보기 위해서, 위 사이트에서 배송업체 ○○을 검색하였습니다.

아르바이트생들은 아르바이트 갤러리에 [쿠순이], [쿠돌이], [이쁘다], [잘생겼다]라는 글들을 올립니다. 아르바이트생들 사이에서 외모가 좋은 직원들에 대해서 소문이 납니다.

의뢰인은 낮에는 공무원 관련 일들을 합니다. 저녁부터 새벽까지는 위 아르바이트를 마칩니다. 의뢰인은 위와 같은 아르바이트를 마치고 난 후, 위 사이트 내 글들과 댓글들을 살펴봅니다. 인센티브 정보를 검색합니다.

　아르바이트를 마치고, 너무 힘든 나머지, 다른 댓글들을 보다가 우연히 자신도 모르게 "위 쿠순이 봤는데 못생겼던데?"라고 댓글을 작성합니다.

　상대방이 의뢰인을 사이버모욕죄로 고소하였습니다.

　아래와 같이 의뢰인을 변론하였습니다. 실제 변론한 내용을 살펴보면, 위 내용들보다 훨씬 많습니다. 요약해 보았습니다. 결론적으로, 변론을 충실히 진행하였고, 아래와 같이 불송치 결정을 받았습니다.

　의뢰인은 피해자의 실제 이름, 나이 및 전화번호도 잘 모릅니다. 의뢰인은 실제로 피해자에 대해서 개인적으로 친분이 없었습니다. 말 한마디 나누어 본 적 없는 관계입니다.

가. 의뢰인은 피해자의 실제 성명이나 연령 및 전화번호조차도 모릅니다. 왜냐하면, 의뢰인은 <단기직 아르바이트생>일 뿐이었습니다. 피해자는 <계약직 직원>으로서 상호 간에 대화한 적도 없습니다.

나. 의뢰인은 최초 범죄사실 관련 댓글들을 작성할 당시에도 얼굴을 본 적조차 없었습니다. 다른 사람들이 위와 같은 댓글을 작성하기에, 흥미로운 마음에 위와 같은 댓글을 따라서 작성하였습니다. 의뢰인은 고소 후 비로소 피해자 얼굴 정도만 간신히 인식하였을 뿐입니다.

다. 결론적으로, 의뢰인은 피해자와 친분이 전혀 없습니다. 의도적으로 피해자를 가해하거나 비난하려고 위와 같은 댓글들을 작성하지 않았습니다.

의뢰인은 피해자를 의도적으로 모욕할 의사가 전혀 없었습니다. 적극적인 주관적인 고의 내지 범의 또한 없습니다. 의뢰인은 자신의 행동이 상대방인 피해자에게 어떤 결과를 끼친다는 점을 인식조차 하지 못했습니다. 장난삼아 위와 같은 행동을 한 것일 뿐입니다.

가. 형법상 사이버 모욕죄가 성립하려면, 객관적 구성요건요소에 대한 고의가 있어야 합니다. 공연히 사람을 모욕한다는 인식이 있어야 합니다.

나. 의뢰인은 피해자를 개인적으로 몰랐습니다. 피해자를 의도적으로 모욕할 의사로 위 글을 작성하지 않았습니다. 의뢰인은 새벽까지 어려운 아르바이트를 하고 나서, 다음 날 아르바이트 인센티브 등을 확인하는 과정에서 다른 아르바이트생들의 글들을 보았습니다. 흥미로운 마음에 글을 작성하였습니다.

다. 주지하다시피, 인터넷 공간 자체가 이러한 댓글들을 군중심리로 부추기는 경향이 있습니다. 피해자들은 글쓴이의 의도 내지 글의 의미와는 전혀 다른 해석을 하고 있습니다.

라. 의뢰인은 피해자를 특별히 특정하여 "욕설"을 하거나 "인격을 경멸
하는" 내용을 적은 적이 없습니다. 위 내용들을 보더라도, 단순히 의
뢰인이 재미삼아서 동료들간에 농담을 주고 받습니다. 의뢰인은 자
신이 작성한 농담에 가까운 내용들이 모욕에 해당되는 줄조차도 몰
랐습니다.

마. 요컨대, 의뢰인은 적극적인 범행에 대한 고의가 없었습니다. 뿐만 아
니라 의도적으로 위와 같은 글을 작성한 것이 아닙니다.

의뢰인은 피해자에 대한 인격을 비하하거나 경멸의 의사를 표시한 적이
없습니다. 아르바이트생들 사이에 피해자의 뛰어난 외모가 회자되었습니
다. 이에 대해 장난스럽게 의견을 붙였습니다. 댓글을 쓴 것입니다.

가. 형법상 사이버 모욕죄가 성립하려면, 사람에 대하여 경멸의 의사를
표시해야 합니다. 그러나, 피의자가 위와 같은 댓글들을 작성한 전
반적인 내용을 살펴봅시다. 의뢰인은 피해자를 경멸하려는 생각이
전혀 없었습니다.

나. 피해자가 외모적으로 떨어지거나 문제가 있다면, 피해자에 대한 좋
지 않은 발언은 피해자에 대한 경멸의 의사로 해석될 여지가 있습니
다. 그러나, 외모적으로 아주 뛰어난 사람에 대해서 사람들이 생각
하는 만큼 예쁘지 않다고 발언하였더라도, 이러한 발언이 피해자의
인격을 모독한다고 볼 수는 없습니다.

다. 예컨대, 외모로 뛰어난 연예인에게 위와 같은 발언을 하였더라도, 위
연예인에 대한 일종의 관심 정도에 해당합니다. 위 발언으로 위 연
예인의 인격이 모독되었다고 보기 어렵습니다.

라. 피해자도 다른 아르바이트생들보다 우월한 외모를 가지고 있습니다. 다른 아르바이트생들이 이에 대한 의견을 개진한 것으로 보입니다. 또한, 의뢰인도 위와 같은 군중심리에 휩쓸려서 위와 같은 댓글들을 작성한 것일 뿐입니다.

마. 대법원에서도 "형법 제311조의 사이버 모욕죄는 사람의 가치에 대한 사회적 평가를 의미하는 외부적 명예를 보호법익으로 하는 범죄로서, 모욕죄에서 말하는 모욕이란 사실을 적시하지 아니하고 사람의 사회적 평가를 저하시킬 만한 추상적 판단이나 경멸적 감정을 표현하는 것을 의미한다. 따라서 어떠한 표현이 상대방의 인격적 가치에 대한 사회적 평가를 저하시킬 만한 것이 아니라면 표현이 다소 무례한 방법으로 표시되었다 하더라도 모욕죄의 구성요건에 해당한다고 볼 수 없다."고 판시하였습니다(대법원 2015. 9. 10. 선고 2015도2229 판결 [모욕]).

바. 본 사안과 관련하여도, 의뢰인은 피해자를 알지도 못하였습니다. 비난보다는 장난으로 작성한 댓글들입니다. 전체적인 맥락, 댓글을 작성한 장소와 작성 전후의 정황 등에 비추어 볼 때, 의뢰인의 글들은 상대방을 불쾌하게 할 수 있는 무례하고 저속한 표현입니다. 하지만 객관적으로 피해자의 인격적 가치에 대한 사회적 평가를 저하시킬 만한 모욕적인 언사에 해당하지 않습니다.

사. 결론적으로, 의뢰인은 피해자를 경멸하려는 의도가 전혀 없었습니다.

11

유튜버, 정보통신망법 위반죄, 사이버명예훼손죄 및 모욕죄 사례

11

유튜버, 정보통신망법 위반죄, 사이버명예훼손죄 및 모욕죄 사례

유튜브를 운영하시나요? 팬들이 험한 말과 거친 욕설로 여러분을 괴롭히시나요? 유튜버들이 악성 댓글들로 인해서 고통을 받습니다. 관련 상담을 무척 많이 진행합니다.

유튜버 분들, "인터넷명예훼손죄 고소" 내지 "사이버모욕죄 고소"를 생각하시나요?

"인터넷명예훼손죄 고소", "사이버모욕죄 고소"에 관한 일련의 과정들에 대해서 상세하게 설명해 드리겠습니다.

1. 사실관계를 살펴봅시다.

고소인은 게임 관련 유튜브 채널을 운영하고 있습니다. 유튜브 채널명은 ○○의 방송입니다. 피고소인들은 게임 이용자들입니다. 고소인이 운영하는 유튜브채널의 시청자로 추측됩니다.

피고소인들은 LOSTARK SEASON2 게임 내 게시판에 고소인에 대한 명예훼손하는 글, 모욕하는 들을 작성하여 게재하였습니다.

범죄사실은 다음과 같습니다.

닉네임 [bA****]

위 게임게시판 내에서 [bA****]라는 닉네임을 가진 자가 2023년 1월 15일 위 ****가 게시한 글에 다음과 같은 댓글을 기재하였습니다. 고소인을 모욕하는 취지로 글을 작성하였습니다.

완전 개병신이네
닉네임 [FK바***]

(1) 위 게임게시판 내에 [FK바***]이라는 닉네임을 가진 자가 2023년 1월 15일 다음과 같은 댓글을 기재하였습니다. 고소인을 모욕하는 취지의 글을 작성하였습니다.

(2) 아래 내용 중 "좆같은데 착한 척 하는 놈"이 고소인에 대해서 작성한 것입니다.

그냥 좆같은 놈 vs 좆같은데 착한척 하는 놈
닉네임 [FD또**]

(1) 위 게임게시판 내에 [FD또**]이라는 닉네임을 가진 자가 2023년 1월 15일 다음과 같은 글을 기재하였습니다. 고소인을 모욕하는 내용으로 글을 작성하였습니다.

와꾸 ㄹㅇ ㅈ같이 생겼네

적용되는 법령을 살펴보면, 다음과 같습니다.

정보통신망 이용촉진 및 정보보호 등에 관한 법률
제70조(벌칙) ① 사람을 비방할 목적으로 정보통신망을 통하여 공공연하게 사실을 드러내어 다른 사람의 명예를 훼손한 자는 3년 이하의 징역 또는 3천만원 이하의 벌금에 처한다.
② 사람을 비방할 목적으로 정보통신망을 통하여 공공연하게 거짓의 사실을 드러내어 다른 사람의 명예를 훼손한 자는 7년 이하의 징역, 10년 이하의 자격정지 또는 5천만원 이하의 벌금에 처한다.
③ 제1항과 제2항의 죄는 피해자가 구체적으로 밝힌 의사에 반하여 공소를 제기할 수 없다.

형법
제311조(모욕) 공연히 사람을 모욕한 자는 1년 이하의 징역이나 금고 또는 200만원 이하의 벌금에 처한다.

2. 유튜버에 대한 인터넷명예훼손죄, 사이버모욕죄 주요 쟁점들을 살펴봅시다.

"공연성"

모욕죄 또는 정보통신망법상 명예훼손죄가 성립하기 위하여 사실을 적시하거나 모욕을 하는 것이 공연히 이루어져야 합니다. "공연성"은 "불특정 또는 다수인이 인식할 수 있는 상태"입니다.

대법원은 한 사람에게 알려지더라도 다수에게 유포할 가능성이 있다면, 공연성을 인정하고 있습니다.

> 대법원 1968. 12. 24. 선고 68도1569 판결 [명예훼손]
>
> 비밀이 잘 보장되어 외부에 전파될 염려가 없는 경우가 아니면 비록 개별적
> 으로 한사람에 대하여 사실을 유포하였더라도 연속하여 수인에게 사실을
> 유포하여 그 유포한 사실이 외부에 전파될 가능성이 있는 이상 공연성이 있
> 다 할 것이다.

유튜버들은 인터넷상에서 공개적으로 활동합니다. 위 게시판에 대한 조
회수를 살펴보면, 수백에 이릅니다. 따라서 유튜버들에 대한 악성 댓글들
을 살펴보면, 대부분 공연성 요건을 충족합니다.

"특정성"

정보통신망법상 명예훼손죄 내지 형법상 모욕죄가 성립되기 위해서는
피해자의 "특정성"이 인정되어야 합니다. 하지만, 이러한 피해자의 특정을
위하여 반드시 그 사람의 성명을 명시할 것을 요하는 것은 아니며, 표현의
내용을 주위사정과 종합 판단하여 그것이 어느 특정인을 지목하는 것인지
를 알 수 있는 경우에는 그 특정인에 대한 명예훼손죄 내지 모욕죄가 성립
합니다. 더 나아가, 대법원은 두문자 또는 이니셜만 사용한 경우라도 피해
자가 특정된 것으로 보고 있습니다.

대법원도 동일하게 판단합니다.

> 대법원 1982. 11. 9. 선고 82도1256 판결 등
>
> 명예훼손죄가 성립하려면 반드시 사람의 성명을 명시하여 허위의 사실을
> 적시하여야만 하는 것은 아니므로 사람의 성명을 명시하지 않은 허위사실

의 적시행위도 그 표현의 내용을 주위사정과 종합 판단하여 그것이 어느 특
정인을 지목하는 것인가를 알아차릴 수 있는 경우에는 그 특정인에 대한 명
예훼손죄를 구성한다.

특정성이 때때로 문제됩니다.

"비방할 목적"

대법원은 "비방의 목적과 관련하여, 가해의 의사 내지 목적을 요하는 것
으로서, 사람을 비방할 목적이 있는지 여부는 당해 적시 사실의 내용과 성
질, 당해 사실의 공표가 이루어진 상대방의 범위, 그 표현의 방법 등 그
표현 자체에 관한 제반 사정을 감안함과 동시에 그 표현에 의하여 훼손되
거나 훼손될 수 있는 명예의 침해 정도 등을 비교, 고려하여 결정하여야
한다."라고 판시하고 있습니다(대법원 2008. 9. 25. 선고 2008도4740 판결).

정보통신망법의 명예훼손 사범의 경우, 게시의 목적과 내용, 표현의 수
단과 방법, 게시의 횟수와 기간, 게시자와 피해자와의 관계, 그로 인한 피
해의 정도, 반론 또는 삭제요구의 유무 등과 함께 사이트의 성격과 규모,
영리목적의 유무, 개방 정도 등을 참작하여 비방의 목적 유무를 판단해야
합니다.

본 사안을 살펴봅시다. 피고소인이 공공의 이익을 위해서 위와 같은 사
실들을 말하지 않았습니다. 그 내용과 관계 및 표현의 방법 등을 고려해
볼 때, 고소인을 경멸하는 내용이 포함되어 있습니다. 뿐만 아니라, 피고
소인이 사용한 용어 자체로 상대방에 대한 경멸적인 태도를 인정할 수 있
습니다.

12

사이버명예훼손죄 사이버모욕죄 기소유예에 관해서

12

사이버명예훼손죄 사이버모욕죄
기소유예에 관해서

　사이버명예훼손죄 내지 사이버모욕죄에 관하여 사건을 진행하다보면, 많은 의뢰인들이 기소유예를 간절히 원합니다.

　검사는 재량으로 기소유예 처분을 내립니다. 어떤 변호사도 특정 사안에 대해서, 기소유예 처분을 받는다고 답변드리기 어렵습니다.

　많은 분들이 피해자가 제시한 과다한 합의금을 부담스러워 합니다. 또한, 가해자가 피해자를 명예훼손을 하게 된 동기를 살펴보면, 가해자도 피해자로부터 억울한 일을 당한 경우도 많습니다. 다시 말해서, 가해자가 현실상에서 피해를 보고, 위와 같은 글을 쓴 것입니다. 오히려, 가해자가 피해자와 합의를 원하지 않기도 합니다.

　그 결과, 많은 분들이 사이버모욕죄 내지 명예훼손죄 기소유예를 어떻게 받는지에 관해서 문의하십니다.

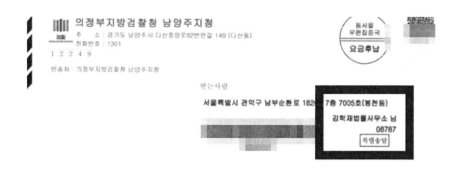

진행한 사건들 중, 교육이수조건부 기소유예를 받은 사안입니다. 수사기관이 위와 같이 통지를 보냅니다.

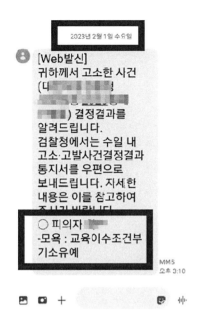

수사기관은 위와 같이 문자로도 통지합니다.

수사 포털 사이트에서 위와 같은 내용을 찾아볼 수도 있습니다.

기소유예란?

기소유예는 불기소처분의 일종이나 공소를 제기하는 데 충분한 범죄의 혐의가 있고, 소송조건이 구비되어 있음에도 불구하고 검사의 재량에 의하여 공소를 제기하지 않는 처분입니다.

검사는 기소유예를 함에 있어서 범인의 연령, 성행, 지능과 환경, 피해자에 대한 관계, 범행의 동기, 수단과 결과, 범행 후의 정황 등을 참작합니다.

크게 두 가지 측면에서, 기소유예를 받는 방법을 찾아볼 수 있습니다.

일단, 가해자 본인으로부터 그 이유를 찾을 수 있습니다. 가해자가 학생이라거나 미성년자일 경우, 가해자가 학생이나 미성년자이며 사회적으로 아직 배우는 과정이라고 주장할 수 있습니다.

미성년자나 학생이 위와 같은 행위를 하였을 경우, 수사기관이나 법원에서 가해자에게 한 번 더 기회를 부여할 가능성이 높습니다. 즉, 사이버 명예훼손죄 기소유예 처분할 확률이 높아집니다.

가해자가 성인일 경우, 사회적으로 수상한 사실, 주변에서 좋은 평판을 받는 사실, 열심히 생업에 종사한다는 사실을 충분히 주장해야 합니다.

또한, 경제적으로 큰 어려움을 겪고 있다거나 병환에 시달리는 사실이 있다면 이러한 내용들도 의견서나 진술서를 통해서 최대한 소명해야 합니다.

더 중요한 것은, 실제 자료를 통해서 위와 같은 사실들을 증명해야 한다는 것입니다.

다른 한편, 수사기관에게 해당 내용들을 게재하게 된 계기를 상세히 알려야 합니다. 가해자의 잘못된 행동들, 예컨대 가해자가 범죄를 저질렀다거나 부도덕한 일들을 행했다는 점을 충분히 주장하는 것이 좋습니다.

예컨대, 국회의원이 성폭력을 행한 사안을 생각해 봅시다. 이러한 행위에 대해 비난하는 것은 아무런 잘못도 없는 연예인의 사생활에 대해서 무차별적으로 욕설하는 것보다 기소유예를 받을 확률이 훨씬 낮습니다.

더 나아가, 피해자가 공적인 인물이라거나 사회적 지도층 또는 정치인일 경우, 이러한 사실들을 충분하게 소명하십시오. 공적인 인물 또는 정치인들은 사회를 이끄는 지도자들이기 때문에 타인으로부터 어느 정도의 비판을 감내해야 할 책임이 있기 때문입니다.

한 번 더 강조합니다. 기소유예를 받기 위해서 무엇보다 중요한 것은 위 사실들에 대해서 입증자료들을 충분히 제출해야 합니다.

신문기사, 자격증 및 진술서 등 위 사실들을 증명할 만한 자료들을 제출하세요. 그렇지 않으면, 판사가 위 주장들을 인정해 주지 않을 것입니다.

13

경찰서에서 모욕죄 관련 조사받을 경우, 솔직하게 이야기를 해야 하나, 거짓말을 해야 하나

13

경찰서에서 모욕죄 관련 조사받을 경우,
솔직하게 이야기를 해야 하나,
거짓말을 해야 하나

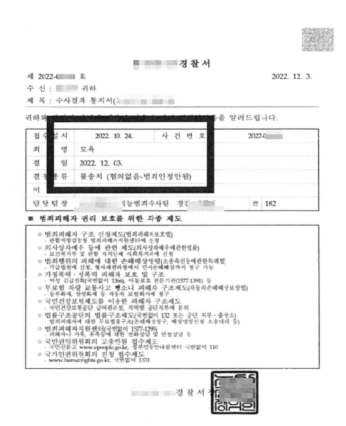

경찰서

제 2022-█████ 호.   2022. 12. 3.
수 신 : █████ 귀하
제 목 : 수사결과 통지서(1████ ██████)

귀하와 █████████████████████████을 알려드립니다.

접 수 일 시	2022. 10. 24.	사 건 번 호	2022-0████
죄 명	모욕		
결 일	2022. 12. 03.		
결 정 종 류	불송치 (혐의없음-범죄인정안됨)		
이			
담 당 팀 장	█████ 지능범죄수사팀 경█ █████	☎ 182	

※ 범죄피해자 권리 보호를 위한 각종 제도

○ 범죄피해자 구조 신청제도(범죄피해자보호법)
  - 관할지방검찰청 범죄피해자지원센터에 신청
○ 의사상자예우 등에 관한 제도(의사상자예우에관한법률)
  - 보건복지부 및 관할 자치단체 사회복지과에 신청
○ 범죄행위의 피해에 대한 손해배상명령제(소송촉진등에관한특례법)
  - 각급법원에 신청, 형사재판과정에서 민사손해배상까지 청구 가능
○ 가정폭력·성폭력 피해자 보호 및 구조
  - 여성 긴급전화(국번없이 1366), 아동보호 전문기관(1577-1391) 등
○ 무보험 차량 교통사고 뺑소니 피해자 구조제도(자동차손해배상보장법)
  - 동부화재, 삼성화재 등 자동차 보험회사에 청구
○ 국민건강보험제도를 이용한 피해자 구조제도
  - 국민건강보험공단 급여관리실, 지역별 공단지부에 문의
○ 법률구조공단의 법률구조제도(국번없이 132 또는 공단 지부·출장소)
  - 범죄피해자에 대한 무료법률구조(손해배상청구, 배상명령신청 소송대리 등)
○ 범죄피해자지원센터(국번없이 1577-1295)
  - 피해자나 가족, 유족등에 대한 전화상담 및 면접상담 등
○ 국민권익위원회의 고충민원 접수제도
  - 국민신문고 www.epeople.go.kr, 정부민원안내콜센터 국번없이 110
○ 국가인권위원회의 진정 접수제도
  - www.humanrights.go.kr, 국번없이 1301

경찰서 █

모욕죄로 혐의없음 결정되었습니다. 결정문을 보시면, 어떤 경우에 혐의없음 결정이 이루어지는지 파악하실 수 있습니다.

【별지】
【결정주문】

불송치 (혐의없음-범죄인정안됨)

【피의사실의 요지와 불송치 이유】

가. 피해사실 접수 경위

- 피해자는 '[기█████, █████ █████'이라는 제목으로 '천█████████
█████ ███ ██ █ ███ ███ ██'이라는 내용의 기사에
2018. 4. 24. 11:48경 모욕을 당했다는 내용으로 고소장 접수하였다.

- 이에 대해 피해 제출자료, 고소인 진술 등을 바탕으로 사건 접수하였다.

나. 모욕 부분

○ 피해자 ██████████의 주장

- 피해자는 인터넷 기사에서 닉네임 '█████ █████'이라는 닉네임을 사용하는
자가 고소인을 상대로 '정신나간 기자'라는 글을 게시하였다는 주장이다.

○ 피의█████의 주장

- 피의자는 당시 청와대 국민청원 글이 잘못되었다고 생각되어 정신나간
기사라고 적으려 했던 것을 오타가 나서 '정신나간 기자'라고 작성하게 된 것이고,
기사 내용에 대하여 평을 한 것이지 개인을 비판할 의사는 없었다고 주장하였다.

다. 판례 및 검토

○ 모욕죄에서 말하는 모욕이란 사실을 적시하지 아니하고 사람의 사회적
평가를 저하시킬만한 추상적 판단이나 경멸적 감정을 표현하는 것을 의미(대법원
2021. 3. 25., 선고, 2017도17643, 판결)하는데, 피의자가 오타로 기사에 대하여
작성한 것은 모욕에서 명시하고 있는 사람에 대한 사회적 평가에 대하여
해당하지 아니하고,

○ 설령, 표현 자체가 모욕적인 표현으로 구성된 단문의 글이라고 하더라도, 그 내용이 자신의 의견을 강조하거나 압축하여 표현한 것이라고 평가할 수 있는 표현도 지나치게 모욕적이거나 악의적이지 않다면 모욕죄의 위법성이 조각될 수 있다(대법원 2022. 8. 25., 선고, 2020도16897, 판결).

라. 결정

○ 따라서 피해자의 진술, 기사 댓글내용, 피의자의 진술 등을 종합하여 볼 때 피의자의 행위가 범죄인정되지 않아 '불송치(혐의없음·범죄인정안됨)' 결정한다.

※ 결정 종류 안내 및 이의·심의신청 방법

<결정 종류 안내>

○ 혐의없음 결정은 증거 부족 또는 법률상 범죄가 성립되지 않아 처벌할 수 없다는 결정입니다.

○ 죄가안됨 결정은 피의자가 14세 미만이거나 심신상실자의 범행 또는 정당방위 등에 해당되어 처벌할 수 없는 경우에 하는 결정입니다.

○ 공소권없음 결정은 처벌할 수 있는 시효가 경과되었거나 친고죄에 있어서 고소를 취소한 경우 등 법률에 정한 처벌요건을 갖추지 못하여 처벌할 수 없다는 결정입니다.

○ 각하 결정은 위 세 결정의 사유에 해당함이 명백하거나, 고소인 또는 고발인으로부터 고소·고발 사실에 대한 진술을 청취할 수 없는 경우 등에 하는 결정입니다.

<이의·심의신청 방법>

○ 위 결정에 대하여 통지를 받은 자(고발인은 제외)는 형사소송법 제245조의7 제1항에 의해 해당 사법경찰관의 소속 관서의 장에게 이의를 신청할 수 있습니다. 신청이 있는 때 해당 사법경찰관은 형사소송법 제245조의7 제2항에 따라 사건을 검사에게 송치하게 됩니다.

○ 수사 심의신청 제도(경찰민원콜센터 국번없이 182)
 - 수사과정 및 결과에 이의가 있는 경우, 관할 지방경찰청 「수사심의계」에 심의신청

모욕죄로 고소당하셨나요? 솔직하게 진술해야 하나 아니면 거짓말을 해서 무혐의를 받아야 하는지에 관해서 고민합니다.

위 사례를 살펴봅시다. 가해자가 기자가 쓴 글에 "정신나간 기자"라고 댓글을 달았다고 해서, 글쓴이가 고소를 당한 사안입니다. 실제로 위 작성자는 "정신나간 기사"라고 쓰려고 했습니다. 입증자료가 많이 있는 상황이었습니다.

가해자는 "정신나간 기사"라고 쓰려는 것을 "정신나간 기자"라고 잘못 기재했다고 주장하였습니다. 수사기관은 여러 입증 자료들을 살펴봅니다. 고소인 주장이 사실이라고 판단하였습니다. 무혐의로 결정하였습니다.

일반인 관점에서 생각해 봅시다. 가해자가 허위로 위와 같은 변명하였을 수도 있습니다. 하지만, 예외적으로 위와 같은 사안에서 가해자의 변명을 받아들여서 무혐의 처리합니다. 가해자들도 이러한 점들을 노립니다. 수사기관에서 허위 진술을 합니다.

사이버명예훼손과 관련된 상담을 진행합니다. 의뢰인들이 고소인인 그 정치인이나 연예인을 명예훼손했다고 진술하지 않습니다.다른 정치인이나 연예인에 대해서 말했다고 둘러대고 싶다고 합니다.

예컨대, 실질적으로 유명한 정치인에 대해서 욕설하였으나, 수사기관에 참석해서 국회의원 전체에 대해서 욕설을 한 것으로 주장하겠다고 합니다. 법망을 빠져나가고 싶다는 것입니다.

하지만, 경험한 바에 따르면, 허위로 둘러대거나 거짓말을 해도 되는지에 대해서 물어보신다면, 답은 "NO"입니다.

위에서 "정신 나간 기자" 사례에서 무혐의 처분을 받을 수 있었습니다. 글쓴이가 진실로 "정신나간 기사"라고 쓰려고 했기 때문입니다. 그러한 점들을 수사기관이 인정하였습니다.

위와 같은 조사를 셀 수 없이 하기 때문에, 사이버수사대에서 일하는 수사관들은 일반인들보다도 훨씬 똑똑합니다. 대부분 거짓말을 쉽게 알아냅니다. 거짓말을 할 경우, 이러한 허위 내용들은 아주 쉽게 발각됩니다.

금메달리스트 김연아 선수에 대해 험담하고 나서, 옆집 사는 김연아를 욕한 것이라고 할 경우, 그 누가 이러한 거짓말을 믿어줄까요.

가해자가 위와 같이 변명하는 내용들을 진실이라고 주장하고 싶으세요? 이러한 내용을 입증할 만한 충분한 자료들을 제출하십시오.

수사기관에서 조사하는 과정에서 허위 사실들은 쉽게 들통이 납니다. 수사관에게 솔직하게 고백하는 것이 백번 천번 낫습니다.

거짓말이 발각될 경우, 법원은 더 높은 벌금형을 내립니다. 기소유예 기회를 상실할 수 있습니다. 상대방과 합의할 수도 없습니다. 진실한 반성이 없으면, 피해자가 합의를 해주지 않으려 합니다.

모욕죄 수사기관에서 거짓말을 하고 싶으신가요? 솔직하게 말씀하시길 권해 드립니다.

14

사이버모욕죄 불송치한 이유,
다른 범죄들과 전혀 다르다고?

14

사이버모욕죄 불송치한 이유,
다른 범죄들과 전혀 다르다고?

울산중부경찰서

제 2022-00006 호   2022. 11. 24.

수 신 김학제 귀하
제 목 수사결과 통지서(고소인등·불송치)

귀하와 관련된 사건에 대하여 다음과 같이 결정하였음을 알려드립니다.

접수일시	2022		사 건 번 호	2022-0
죄 명	모욕			
결 정 일	2022. 11. 24.			
결정종류	불송치 (혐의없음)			
이				
담당팀장	사이버범죄수사팀 경위			☎ 0

※ 범죄피해자 권리 보호를 위한 각종 제도

○ 범죄피해자 구조 신청제도(범죄피해자보호법)
  - 관할지방검찰청 범죄피해자지원센터에 신청
○ 의사상자예우 등에 관한 제도(의사상자예우에관한법률)
  - 보건복지부 및 관할 자치단체 사회복지부에 신청
○ 범죄행위의 피해에 대한 손해배상명령(소송촉진등에관한특례법)
  - 각급법원에 신청, 형사재판과정에서 민사손해배상까지 청구 가능
○ 가정폭력·성폭력 피해자 보호 및 구조
  - 여성 긴급전화(국번없이 1366), 아동보호 전문기관(1577-1391) 등
○ 무보험 차량 교통사고 뺑소니 피해자 구조제도(자동차손해배상보장법)
  - 동부화재, 삼성화재 등 자동차 보험회사에 청구
○ 국민건강보험제도를 이용한 피해자 구조제도
  - 국민건강보험공단 급여관리실, 지역별 공단지부에 문의
○ 법률구조공단의 법률구조제도(국번없이 132 또는 공단 지부·출장소)
  - 범죄피해자에 대한 무료법률구조(손해배상 청구, 배상명령신청 소송대리 등)
○ 범죄피해자지원센터(국번없이 1577-1295)
  - 피해자 가족, 목격증인에 대한 전화상담 등 면접상담 등
○ 국민권익위원회의 고충민원 접수제도
  - 국민신문고 www.epeople.go.kr, 정부민원안내콜센터 국번없이 110
○ 국가인권위원회의 진정 접수제도
  - www.humanrights.go.kr, 국번없이 1331

찰 서 참

【별지】
【결정종류】

피의자에 대하여 불송치(혐의없음) 한다.

【피의사실의 요지와 불송치 이유】
1. 피의사실

2. 불송치 이유

피의자는 범행에 대해 기억하지 못하면서 본 건 무렵 타지에 있는 직장의 공용컴퓨터를 공동으로 사용하며 아이디를 접속한 상태에서 다른 사람이 해당 댓글을 작성한 것 같다고 주장하고 해당 댓글 또한 휴대전화로 댓글이 작성된 것이 아닌 것으로 보여 피의자의 범행이라 단정하기 어렵다 판단된다.

진행한 사건 중, 사이버모욕죄로 고소하여 불송치되었습니다.

저는 무리하게 사건을 진행하지 않습니다. 사이버 모욕죄로 고소하더라도 불송치결정을 잘 받지 않습니다. 간혹, 가뭄에 콩 나듯이 사이버모욕죄 고소에 관해서 불송치 결정을 받을 경우, 그 이유를 자세하게 봅시다.

본 사안을 살펴보면, 피고소인이 정치인에게 "미친년"이라고 욕설을 기재한 사안이었습니다.

다른 범죄들과 달리, 사이버 모욕죄는 서로 얼굴을 보지 않고 발생합니다. 다시 말해서, 본인 이외에 그 누구도 범행을 정확하게 아는 사람이 없습니다.

많은 분들과 상담을 해 보면, 모욕에 관한 글을 전혀 쓴 사실이 없다거나, 다른 지인이 작성하였다고 변명을 하고 싶어 합니다.

말씀드린 대로, 저는 대부분 부정적으로 답변을 드립니다. 거짓말은 좋지 않습니다. 대한민국 경찰은 그리 만만하지 않기 때문입니다. 또한, 거짓말로 발뺌하다가 반성하지 않는다는 이유로 기소유예를 받을 기회를 놓쳐 버릴 수 있습니다. 더 나아가 높은 벌금형을 받을 수도 있기 때문입니다.

위와 같이, "내가 작성한 것이 아니고, 누가 작성한지는 모르겠다."고 변명하는 경우, 수사기관은 무혐의 결정을 내리기도 합니다.

실질적으로 담당수사관들도 피고소인이 거짓말을 한다는 점을 알고 있습니다. 예컨대, 정치인들에 대한 도 넘은 욕설을 하여 모욕죄로 고소된 경우, 또는 그 죄질이 나쁘지 않은 대량 고소 사건들의 경우에는 피고소인 사정을 봐서 처벌하지 않는 것으로 보입니다.

명백한 욕설입니다. "증거불충분" 내지 "죄가 안 됨"으로 무혐의 처분을 하기 어렵습니다. 피고소인을 봐주고 싶은 사안에서, 피고소인이 한 거짓말을 그냥 받아주는 것으로 추정할 뿐입니다.

특히, 정치인들은 합의금이 필요 없다면서 엄벌을 원하는 경우가 많습니다. 따라서, 합의하기 어렵습니다. 하지만, 이러한 댓글을 작성한 사람들을 살펴보면, 정치에 관심이 많은 젊은이들입니다. 수사기관도 이러한 젊은이들을 엄하게 처벌하기보다는 한 번쯤 기회를 주려고 합니다.

요컨대, 혹시 주변인이나 인터넷에 거짓말을 해서 무혐의를 받았다고 주장하는 분이 있을 수 있습니다. 또한, 불송치 문자 등을 증거로 제시하기도 합니다.

자세하게 들여다봅시다. 거짓말을 하였기 때문에 불송치를 받았다기보다는 수사기관이 피고소인에게 기회를 준 것에 불과합니다. 다만, 불송치 이유를 작성하는 과정에서, 피고소인이 진술한 거짓말을 속아 준 것입니다.

따라서, 수사기관에게 거짓말하지 마십시오. 담당수사관이 피고소인의 이러한 진술을 받아준다고 하더라도, 고소인이 다시 이의를 할 수 있기 때문입니다. 판사는 거짓말쟁이라는 이유로 더 심하게 처벌할 가능성이 있습니다. 가벼운 죄라면, 담당수사관이 어차피 사회상규에 반하지 않는다는 이유로 불송치할 가능성이 높습니다. 또는 대량고소의 경우, 엄격한 수사관에게 조사를 받으면, 거짓말을 낱낱이 밝혀서 피고소인을 몰아세우는 경우도 많습니다.

15

유명정치인 명예훼손 고소 건 무혐의 결정?!

15

유명정치인 명예훼손 고소 건
무혐의 결정?!

기본내역

관할관서	경기의정부경찰서	담당부서	수사3팀	담당수사관	
접수번호		사건번호	2022-	입건일	2022-
결정(종결)일	2022·11·22	결정(종결)내역	불송치	변호사	김학재

사건검색 나의사건등록

| 결정(종결)내역 | 사건이송내역 | 사건통지내역 |

결정(종결)일	유형	송치·송부기관	사건번호
2022·11·22	불송치	의정부지방검찰청	

의뢰인이 국내에서 가장 유명한 정치인으로부터 고소당했습니다. 도움을 청하셨고, 변호하여서 무혐의 결정을 받았습니다.

의뢰인이 인터넷 신문에 댓글로 게재하였는데, 답글이 수위를 넘겼습니다. 무혐의 결정을 받기가 쉽지 않다고 말씀을 드렸었습니다. 불송치(무혐의) 결정으로 마무리되었습니다. 의뢰인과 함께 기뻐하였습니다.

유명한 정치인, 연예인으로부터 사이버명예훼손죄 내지 모욕죄로 고소를 당하셨나요? 아래와 같이 주장을 해 보는 건 어떨까요?

작성한 문언 자체가 약한 경우, 가벌성이 낮다는 취지로 항변할 수 있습니다. 또는, 작성한 내용을 정치적인 자유 내지 표현의 자유, 언론의 자유 범위 내에 속한다고 주장할 수도 있습니다.

더 나아가, 명예훼손에 대한 미필적 고의를 부정할 수 있습니다. 명예를 훼손할 의도로 작성한 것이 아니며, 사회 현안에 대해서 진술한 것이라고 말하는 것입니다. 또한, 비방할 목적이 없으며 공공의 이익이 있다고 주장할 수도 있습니다.

고소인은 유명한 정치인 내지 연예인입니다. 어느 정도 비난을 감수해야 할 공인이라고 설명할 수 있습니다.

하지만, 이러한 내용들을 넘어서서 더 중요한 내용은 무엇일까요? 사실관계 및 자료들 그 자체입니다.

본 사안을 살펴보면, 의뢰인이 글을 쓰게 된 배경 및 사실관계를 오해한 이유 등을 면밀하게 검토하였습니다. 위와 같은 글을 쓰게 된 연유를 자세히 기재했습니다. 위 주장들을 뒷받침할 만한 신문기사 내지 영상 등을 USB로 경찰서에 제출하였습니다.

덤으로, 의뢰인이 대학생이라는 사실을 강조해서 수사관님 마음을 흔들어 놓기도 하였습니다. 어린 의뢰인이 수사관에게 간곡히 도움을 청하는 손 편지를 쓰도록 하였습니다.

요컨대, 명예훼손 사건을 살펴보면, 앞에서 언급한 법리적인 주장도 중요합니다. 하지만, 무엇보다 개개인이 처한 상황들에 대하여 검토해야 하고 그러한 행위를 하게 된 근본적인 원인에 대해서 성찰해야 합니다.

표면에 드러난 이론만 앞세워서는 안 됩니다. 개개인의 사정들을 주장해야 합니다.

사이버 명예훼손에 대처하기

16

인터넷 명예훼손,
공소시효 언제부터 시작될까?

16

인터넷 명예훼손,
공소시효 언제부터 시작될까?

명예훼손 관련 글을 게재하고 오랜 시간이 흘렀습니다. 인터넷 명예훼손 공소시효는 완성되었을까요?

공소시효란 검사가 공소를 오랫동안 제기하지 않은 경우, 국가의 소추권을 소멸시키는 제도를 말합니다. 살인의 추억 보셨나요? 범죄자와 관련하여, 경찰청이 "공소시효가 지났으니 처벌을 못한다."는 인터뷰를 진행했습니다. 범죄자를 잡지 못하였거나, 범죄를 입증할 증거를 찾지 못하였을 경우, 공소시효 기간이 경과하면 범죄자를 처벌하지 않는 제도입니다.

많은 일반인은 부당하게 생각합니다. 하지만, 형사정책상 법적안정성이라는 목적을 위해서 규정한 조항입니다. 법조인들도 찬성하는 입장도 있고, 반대하는 분들도 계십니다.

그러면, 인터넷 명예훼손 공소시효 언제 시작될까요?

1번 : 명예훼손 관련 글을 게재하였을 때
2번 : 명예훼손 관련 글을 지웠을 때

정답은? 1번입니다.

대법원에 따르면, "서적, 신문 등 기존의 매체에 명예훼손적 내용의 글을 게시하는 경우에 그 게시행위로써 명예훼손의 범행은 종료하는 것이며 그 서적이나 신문을 회수하지 않는 동안 범행이 계속된다고 보지는 않는다는 점을 고려해보면, 정보통신망을 이용한 명예훼손의 경우에, 게시행위 후에도 독자의 접근가능성이 기존의 매체에 비하여 좀 더 높다고 볼 여지가 있다 하더라도 그러한 정도의 차이만으로 정보통신망을 이용한 명예훼손의 경우에 범죄의 종료시기가 달라진다고 볼 수는 없다."고 판시하였습니다(대법원 2007. 10. 25. 선고 2006도346).

많은 분들이 명예훼손적인 글을 지우지도 않았는데, 공소시효가 어떻게 진행되는가에 대해서 이상해합니다. 하지만, 어떤 사람이 명예훼손 내용이 포함된 책을 출간하였다고 가정해 봅시다. 명예훼손 글이 모두 삭제되어야 공소시효가 진행된다면, 출간된 책들을 모두 회수하여야만 명예훼손 공소시효가 진행됩니다. 다시 말해서, 글을 지워야만 명예훼손 공소시효가 진행된다면, 공소시효가 전혀 진행될 수 없는 경우가 발생합니다.

따라서, 이러한 점들을 감안해서, 대법원은 명예훼손 관련 글을 게재하였을 때, 공소시효가 진행된다고 판단한 것입니다.

대법원의 이러한 법리 판단에 관해서, 비판할 여지가 있습니다. 논란이 있으니, 위와 같은 판결을 내렸겠지요.

하지만, 명예훼손의 경우에 대부분 공소시효 문제가 발생하지 않기 때문에, 위와 같은 법리로 피해자가 손해 볼 가능성이 거의 없습니다. 다른 한편, 가해자에게 부당한 결과를 초래하지 않습니다. 대법원 판결은 법리를 떠나, 실질적인 관점에서 일응 수긍을 할 수 있습니다.

17

사이버명예훼손죄, 사이버모욕죄 어떤 규정을 적용할까?

17

사이버명예훼손죄, 사이버모욕죄 어떤 규정을 적용할까?

일반적인 명예훼손 행위는 형법 적용을 받습니다. 반면, 사이버명예훼손 행위는 정보통신망 이용촉진 및 정보보호 등에 관한 법률을 적용합니다.

일반적인 오프라인상 명예훼손 사건은 아래 규정이 적용됩니다.

형법

제307조(명예훼손) ① 공연히 사실을 적시하여 사람의 명예를 훼손한 자는 2년 이하의 징역이나 금고 또는 500만 원 이하의 벌금에 처한다.

② 공연히 허위의 사실을 적시하여 사람의 명예를 훼손한 자는 5년 이하의 징역, 10년 이하의 자격정지 또는 1천만 원 이하의 벌금에 처한다.

사이버명예훼손죄는 정보통신망 이용촉진 및 정보보호등에 관한 법률 제70조를 적용합니다. 간단히 정보통신망법이라고 부릅니다. 허위를 적시할 경우, 정보통신망법 제70조 제2항으로 강하게 처벌합니다.

정보통신망 이용촉진 및 정보보호 등에 관한 법률

제70조(벌칙) ① 사람을 비방할 목적으로 정보통신망을 통하여 공공연하게 사실을 드러내어 다른 사람의 명예를 훼손한 자는 3년 이하의 징역 또는 3

> 천만 원 이하의 벌금에 처한다.
> ② 사람을 비방할 목적으로 정보통신망을 통하여 공공연하게 거짓의 사실을 드러내어 다른 사람의 명예를 훼손한 자는 7년 이하의 징역, 10년 이하의 자격정지 또는 5천만원 이하의 벌금에 처한다.
> ③ 제1항과 제2항의 죄는 피해자가 구체적으로 밝힌 의사에 반하여 공소를 제기할 수 없다.

오프라인 명예훼손과 사이버명예훼손의 차이를 봅시다. 사이버명예훼손은 "비방할 목적"을 추가했습니다. 하지만, 양 법률 규정들이 실질적으로 큰 차이는 없습니다. 인터넷상 명예훼손을 별도로 정해서 처벌하려는 목적일 뿐입니다. 형량에 약간의 차이만 있습니다. 인터넷상 명예훼손이 인터넷이라는 매체 속성상 멀리 퍼질 수 있어서 좀 더 강하게 처벌합니다.

사이버모욕죄는 오프라인 모욕죄와 동일하게 형법 제311조를 적용합니다.

> **제311조(모욕)** 공연히 사람을 모욕한 자는 1년 이하의 징역이나 금고 또는 200만원 이하의 벌금에 처한다.

사이버명예훼손죄, 사이버모욕죄 모두 징역형을 두고 있습니다. 걱정하지 마세요. 사이버명예훼손죄나 사이버모욕죄로 징역을 받는 사람은 거의 없습니다. 대부분 낮은 벌금형으로 처벌합니다. 기소유예 처분도 많이 이루어집니다.

18

명예훼손 성립요건
회사 내부 제보메일 명예훼손에 해당하는지

18

명예훼손 성립요건
회사 내부 제보메일 명예훼손에 해당하는지

    고소인은 디자이너입니다. 고소인은 과거에는 피고소인을 알지 못했습니다. 처음 보는 사이입니다. 고소인은 본인의 디자인 작업 중 일부를 제3자에게 일종의 도급을 주기 위해서, 디자이너들이 모이는 인터넷 카페에 구인 글을 올렸습니다. 런칭 예정 사업 디자인들과 관련된 것이었습니다.

    피고소인은 고소인에게 포트폴리오를 보냈습니다. 고소인은 2022. 7. 24. 피고소인에게 샘플 1컷을 의뢰하였습니다. 작업비 20만 원을 송금하였습니다.

    일종의 테스트 성격이었습니다. 능력이 나쁘지 않았습니다. 추가로 진행하기로 하였습니다.

    고소인은 같은 날 피고소인에게 본건이 일정이 시급하다는 이야기하였습니다. 동의를 구했습니다. 피고소인은 고소인의 이러한 사정을 들었습니다. 현재 특별히 급한 일이 없어서 잘 진행할 수 있다는 취지로 답변하였습니다.

    고소인은 다음 날 급한 마음에 피고소인에게 언제부터 일을 시작할 것인지에 대해서 물었습니다. 피고소인은 내일 점심부터 작업을 할 것이라고 답하였습니다. 고소인은 마음이 급했지만, 피고소인이 빠른 작업에 대한 자신감이 있어서 위와 같이 말한다고 생각하였습니다.

고소인은 당황하였습니다. 피고소인에게 시간이 많이 지체되었고, 작업이 불가능할 것 같다고 연락을 받았기 때문입니다. 고소인은 계약을 합의로 해지하려고 하였습니다. 하지만 피고소인은 고소인에게 계속 작업을 하겠다고 말하였습니다. 일을 계속 진행할 것을 원하였습니다. 이에 고소인은 피고소인을 한 번 더 믿고 계약을 진행하였습니다.

디자인 작업은 시간 내로 작업물을 제출하는 것이 너무나 중요합니다. 디자이너들도 이러한 사실들을 잘 알고 있습니다.

2022. 6. 26. 고소인이 확인을 하였는데, 실시간 공유되는 팀 작업에서 작업한 흔적이 없었습니다. 고소인은 너무나 촉박한 일정으로 인해 걱정하였습니다.

개인톡으로 겨우 피고소인과 연락이 되었습니다.

고소인은 피고소인의 작업 속도가 너무나 느려서 마감일을 지키지 못할 것이라고 생각을 하였습니다. 고소인은 피고소인에게 작업을 한 액수만큼 대금을 지불할 것이니, 계약을 합의하여 해지하자고 제안하였습니다. 또한, 앞으로 더 좋은 작품으로 인연을 가지고 만나자면서 좋게 마무리를 지으려고 하였습니다.

피고소인은 고소인에게 계속 따지면서 흥분하였습니다. 고소인이 피고소인에게 입장을 설명하며 작업한 금액을 줄테니 계약을 끝내자고 또다시 제안을 하였습니다. 피고소인은 "고소인에게 작업물을 보내지도 않고 작업

비도 받지 않겠다."고 말을 하며 전화를 끊었습니다.

2022. 10. 26. 피고소인은 고소인의 에이전시인 주식회사 ○○○에 부당해고이며, 서면으로 해지 통보를 받지 않았다고 했습니다. 더 나아가 고소인이 피고소인을 속였다는 취지로 회사에 이메일을 보냈습니다. 사안을 살펴봅시다.

고소인과 피고소인은 사용자와 근로자의 관계가 아닙니다. 단순한 민사 관계에 불과합니다.

고소인은 피고소인을 근로기준법상 "해고"한 것이 아닙니다. 단순히 이행 불만족으로 인해서 합의 내지 합의 해지한 것에 불과합니다. 근로기준법이 엄격하게 정하는 해고 사유들을 충족해야 할 필요도 없습니다. 다시 말해서, 고소인이 기재한 내용들은 허위에 해당합니다.

수사결과통지서에 따르면, 피해자가 주장하는 허위사실과 관련된 내용들이 피해자와 나눈 카카오톡 대화 내용에서 확인되는 점 등으로 보아 피의자가 작성한 메일의 내용이 다소 과장된 것이며, 비방할 목적이 있다고 보기 어렵다고 결정하였습니다. 불송치 결정입니다.

결정문에는 기재되어 있지 않지만, 회사 내부 메일이라는 점도 그 고려요소로서 작용하였습니다. 회사 내부 메일은 공연성이 부정되는 경우가 종종 있습니다. 또한, 내용이 허위이더라도 그 정도가 미약할 경우 수사기관은 불송치 결정을 내릴 수도 있습니다.

19

통신매매음란죄의 거의 모든 것

19

통신매매음란죄의 거의 모든 것

의뢰인은 유명한 방송 플랫폼인 아프리카 TV에서 방송하는 사업자입니다. 의뢰인은 본인을 싫어하는 시청자들과 대화하고 싶었습니다. 시청자들에게 카카오톡 오픈채팅방에 모여 달라고 요청하였습니다.

의뢰인은 시청자들에게 본인의 진심을 이야기하고 싶었습니다. 자신들을 싫어하는 소위 안티팬들과 진지하게 대화하려고 하였습니다.

참고로, 위 오픈채팅방은 1대1 채팅방입니다.

범죄발생사실은?

피고소인은 2022년 6월 16일 성적으로 상대방을 비하하는 내용들을 <오픈채팅방>에 게재하였습니다. 구체적인 내용들을 보여드리고 싶지만, 불쾌한 마음이 드실 것 같아, 생략합니다.

피고소인을 성폭력범죄의처벌등에관한특례법위반(통신매매이용음란죄)로 고소하였습니다.

법령을 살펴보면, 다음과 같습니다.

> 성폭력범죄의처벌등에관한특례법위반(통신매매이용음란죄)
> 제13조(통신매체를 이용한 음란행위) 자기 또는 다른 사람의 성적 욕망을
> 유발하거나 만족시킬 목적으로 전화, 우편, 컴퓨터, 그 밖의 통신매체를 통
> 하여 성적 수치심이나 혐오감을 일으키는 말, 음향, 글, 그림, 영상 또는 물
> 건을 상대방에게 도달하게 한 사람은 2년 이하의 징역 또는 2천만 원 이하
> 의 벌금에 처한다.

다음은 중요하다고 생각하는 판결들입니다.

1. '자기 또는 다른 사람의 성적 욕망을 유발하거나 만족시킬 목적'이 있
는지는 피고인과 피해자의 관계, 행위의 동기와 경위, 행위의 수단과 방법,
행위의 내용과 태양, 상대방의 성격과 범위 등 여러 사정들을 종합하여 사
회통념에 비추어 합리적으로 판단하여야 한다.

2. '성적 욕망'에는 성행위나 성관계를 직접적인 목적이나 전제로 하는
욕망뿐만 아니라, 상대방을 성적으로 비하하거나 조롱하는 등 상대방에게
성적 수치심을 줌으로써 자신의 심리적 만족을 얻고자 하는 욕망도 포함
된다. 또한 이러한 '성적 욕망'이 상대방에 대한 분노감과 결합되어 있더라
도 달리 볼 것은 아니다(대법원 2018. 9. 13. 선고 2018도9775 판결).

대법원 판례에 비추어 피고소인의 발언은 고소인을 성적으로 비하하거
나 조롱하는 등 상대방에게 성적 수치심을 주려는 의도로 보인다는 점을
구체적으로 기재했습니다.

성폭력범죄의 처벌에 관한 법률은 피고소인이 발언한 그 자체도 중요합
니다. 하지만, 피해자와의 관계, 그러한 말을 하게 된 동기와 경위, 행위
태양 등이 더더욱 중요합니다. 고소장을 작성할 경우, 이러한 내용을 충실
히 기재하시기 바랍니다.

　피고소인이 단순한 성적욕망 이외에 상대방에 대한 분노감으로 발언을
하였더라도, 성폭력범죄의 처벌 등에 관한 특례법 위반(통신매체이용음란)
으로 처벌될 수 있습니다.

20

경쟁업체가 인터넷에 허위 사실을 유포해서 괴로우신가요?

20

경쟁업체가 인터넷에 허위 사실을 유포해서
괴로우신가요?

사실관계는 다음과 같습니다.

의뢰인은 프랑스산 유아용품을 수입합니다. 가해자는 독점적으로 위 수입한 제품들을 매수합니다. 고객들에게 판매합니다.

의뢰인은 광고하기 위해서 위 업체들에게 제품 샘플을 분배해 주었습니다. 의뢰인의 행동을 오해하였습니다. 독점 계약을 위반한 것으로 생각했습니다.

범죄사실은 다음과 같습니다.

가해자는 페이스북, 인스타그램에 의뢰인에 대한 허위사실을 유포했습니다. "사짜"라고 욕설하였습니다.

제조업체인 프랑스 유명 유아용품 업체에게 의뢰인을 "사기꾼"이라는 취지로 영문으로 메일을 보냈습니다.

모욕죄나 명예훼손죄는 성립될 가능성이 높습니다. 허위사실 유포에 의한 업무방해죄 성립할지가 문제되었습니다.

하지만, 명예훼손죄에서 더 나아가 업무방해죄로 고소하기 위해서는 상대업체가 기재한 내용이 허위라는 사실을 확실하게 입증해야 합니다. 다시 말해서, 가해자가 기재한 내용들이 명백하게 허위라는 사실을 증명해야만 합니다.

솔직히 말씀드리면, 명예훼손죄보다 업무방해죄가 항상 성립하기 훨씬 어렵습니다. 이론적으로 설명할 수 없습니다. 수사기관이 업무방해 성립을 좀 더 까다롭게 판단합니다.

가해자가 기재한 내용이 객관적인 허위라고 할지라도, 가해자가 주관적으로 이러한 내용을 진실로 알고 기재하였더라면, 허위사실 유포에 의한 업무방해죄가 성립하기 어렵습니다.

허위사실 유포에 의한 업무방해죄에서, 허위는 실체적인 진실이 아닙니다. 가해자의 생각입니다. 경쟁업체가 본인의 생각과 다른 사실을 퍼뜨렸다고 모두 허위사실 유포에 의한 업무방해로 처벌하지는 않습니다. 신중하게 고소하시기 바랍니다.

21

헤어진 남자친구가 아직도 괴롭히나요?
해결해 드립니다.

21

헤어진 남자친구가 아직도 괴롭히나요?
해결해 드립니다.

헤어진 남자친구가 아직도 괴롭히나요? 실명을 기재하지 않고, 각종 SNS에서 비방을 일삼나요?

사실관계는 다음과 같습니다.

의뢰인은 오래 사귀던 남자친구가 있었습니다. "리그오브레전드 게임" 지역 오프라인 모임을 통해서 다른 남자를 만났습니다. 다시 말해서, 남자친구가 있었음에도, 또 다른 남성을 사귀었습니다. 의뢰인은 이전 남자친구보다 새로운 남자친구에게 더 끌리게 되었습니다.

3년이 넘게 만나 온 남자친구보다 새로운 남자친구가 더 의뢰인에게 따뜻하게 대해 주었습니다. 예전 남자친구가 싫어졌습니다.

이전 남자친구는 더이상 의뢰인에게 환영받지 못하였습니다. 소위 환승이별입니다.

이전 남자친구는 페이스북 등을 통해서, 의뢰인이 새로운 남자친구를 만난다는 사실을 알게 되었습니다. 의뢰인이 자신과 사귀면서 소위 양다리를 했다고 생각했습니다. 무척 화가 났습니다. 하지만 이별을 어쩔 수 없이 받아들였습니다.

이전 남자친구는 화가 난 나머지 게임게시판, 페이스북 및 트위터에 이러한 사실들을 과장하면서 공개하였습니다. 이전 남자친구도 많이 힘들어했습니다.

명예훼손으로 고소하기 어려운 점이 있었습니다. 이전 남자친구는 이러한 내용을 공개하면서도, 정작 의뢰인의 실명을 기재하지 않았습니다.

명예훼손 성립요건 중 피해자의 특정성이 성립될지가 쟁점이 되었습니다.

이전 남자친구는 아이디만을 명시하며, 위와 같은 명예훼손을 하였습니다. 의뢰인의 친구가 위와 같은 내용을 확인한 후, 실제로 의뢰인에게 전해 준 것입니다.

이전 남자친구를 명예훼손으로 고소하였습니다. 의뢰인의 많은 친구들이 위 게임을 즐기고 있었습니다. 페이스북 친구 관계로 설정되어 있었는데, 친구들이 위 글들이 의뢰인에 대한 내용을 알 수 있다고 주장하였습니다. 또한, 친구들의 진술서도 함께 첨부하여 수사기관에 제출했습니다.

결론은 어떻게 되었을까요?

고소장이 상대방에게 도달한 후, 상대방은 용서를 빌면서 합의를 요청했습니다.

의뢰인도 특별히 합의금을 원하지 않았습니다. 향후 이러한 일이 발생하지 않도록 하겠다는 약속을 받은 후 합의하였습니다.

22

네이버주식 종목게시판 증권 애널리스트, 명예훼손 고소 진행

22

네이버주식 종목게시판 증권 애널리스트, 명예훼손 고소 진행

국내에서 가장 유명한 증권 애널리스트를 대리하였습니다. 상대방을 명예훼손으로 고소하였습니다.

주식투자를 많이 하시나요? 주식투자 쉽지 않죠?

저도 증권 애널리스트들의 의견을 많이 참고합니다. 무작정 정보를 믿고 샀다가 손해를 보기도 합니다. 애널리스트에 대해서 험담을 합니다.

사실관계는 다음과 같습니다.

의뢰인은 국내에서 가장 유명한 증권 애널리스트입니다. 주식에 관해서 다양한 정보를 제공하셨습니다. 종목을 추천하였습니다.

피고소인은 네이버주식 종목 게시판에 의뢰인에 대한 험담과 욕설을 게재하였습니다. 특히, 의뢰인에 대한 별명을 불렀습니다. 실명을 거론하지 않았습니다.

모욕죄나 명예훼손죄로 처벌하기 위해서는, 작성한 글이 소위 "특정성"이 있어야만 합니다.

피고소인은 의뢰인의 성명을 직접 기재하지 않았습니다. 의뢰인은 피해자가 특정되어 있는지 여부를 걱정하였습니다.

대법원 판결에 따르면, 피해자의 특정을 위하여 반드시 그 사람의 성명을 기재할 필요는 없습니다.

표현의 내용을 주위 사정에 비추어 종합적으로 판단하여, 그것이 어느 특정인을 지목하는 것인가를 알 수 있는 경우, 그 특정인에 대한 명예훼손이 성립한다고 보고 있습니다. 두문자나 이니셜만 사용한 경우라도 피해자를 특정하였다고 보는 경우가 많습니다.

고소장을 제출하였습니다.

의뢰인이 매우 유명한 증권 애널리스트라는 점, 별명만 보고도 많은 주식투자자들이 의뢰인이라는 것을 아는 점, 네이버 주식 게시판에 이미 내용이 널리 퍼져 있다는 점 등을 강조하여, 고소를 진행하였습니다. 경찰서에서 혐의가 인정되었습니다. 검찰에 송치되었습니다.

결론적으로, 글 쓴 분과 합의로 마무리했습니다.

23

욕설해도
모욕죄 처벌 안 한다?

23

욕설해도
모욕죄 처벌 안 한다?

상대방에게 욕설하면 무조건 모욕죄로 처벌이 될까요?

"아닙니다."

형법 제311조의 모욕죄는 사람의 가치에 대한 사회적 평가를 의미하는 외부적 명예를 보호법익으로 하는 범죄입니다.

모욕죄에서 말하는 모욕이란 사실을 적시하지 아니하고 사람의 사회적 평가를 저하시킬 만한 추상적 판단이나 경멸적 감정을 표현하는 것을 의미합니다.

언어는 인간의 가장 기본적인 표현 수단입니다. 사람마다 언어습관이 다를 수 있습니다. 그 표현이 다소 무례하고 저속하다는 이유로 형법상 모욕죄로 처벌할 수는 없습니다.

다시 말해서, 어떠한 표현이 상대방의 인격적 가치에 대한 사회적 평가를 저하시킬 만한 것이 아니라면, 그 표현이 다소 무례하고 저속한 방법으로 표시되었다 하더라도 모욕죄의 구성요건에 해당하지 않습니다.

예컨대, 대법원은 피고인이 택시 기사와 요금 문제로 시비가 벌어져 112 신고를 한 후, 신고를 받고 출동한 경찰관 갑에게 늦게 도착한 데 대하여 항의하는 과정에서 "아이 씨발!"이라고 말한 사안에서, 제반 사정에 비추어 피고인의 발언은 직접적으로 피해자를 특정하여 그의 인격적 가치에 대한 사회적 평가를 저하시킬 만한 경멸적 감정을 표현한 모욕적 언사에 해당한다고 단정하기 어렵다고 판시한 바 있습니다(대법원 2015. 12. 24. 선고 2015도6622 판결).

피고인의 위 "아이 씨발!"이라는 발언은 구체적으로 상대방을 지칭하지 않은 채 단순히 발언자 자신의 불만이나 분노한 감정을 표출하기 위하여 흔히 쓰는 말입니다.

상대방을 불쾌하게 할 수 있는 무례하고 저속한 표현입니다. 하지만, 직접적으로 피해자를 특정하여 그의 인격적 가치에 대한 사회적 평가를 저하시킬 만한 경멸적 감정을 표현한 모욕적 언사에 해당한다고 보지는 않았습니다.

결론적으로 경찰관에게 욕설을 한 것이 아니라, 자기 분에 못이겨서 욕설을 한 경우, 모욕죄에 해당하지 않습니다.

또한, 아파트 입주자대표회의 감사인 피고인이 관리소장 갑의 외부특별감사에 관한 업무처리에 항의하기 위해 관리소장실을 방문한 자리에서 갑과 언쟁을 하다가 "야, 이따위로 일할래.", "나이 처먹은 게 무슨 자랑이냐."라고 말한 사안에서, 피고인과 갑의 관계, 피고인이 발언을 하게 된 경위와 발언의 횟수, 발언의 의미와 전체적인 맥락, 발언을 한 장소와 발언 전후의 정황 등에 비추어 볼 때, 피고인의 발언은 상대방을 불쾌하게 할 수 있는 무례하고 저속한 표현이기는 하지만 객관적으로 갑의 인격적 가

치에 대한 사회적 평가를 저하시킬 만한 모욕적 언사에 해당하지 않는다
고 하기도 하였습니다(대법원 2015. 9. 10. 선고 2015도2229 판결).

기분 나쁜 언사를 하였어도, 모욕죄에 해당하지 않는다는 것입니다.

모욕죄로 고소당해서 걱정이신가요? 실수로 욕설을 해서 걱정하시나요?
처벌되지 않을 수 있습니다.

내용을 잘 소명하셔서 무혐의를 받으시길 바랍니다.

24

중식당 배달의민족 허위 리뷰 명예훼손으로 고소하였습니다.

24

중식당 배달의민족 허위 리뷰 명예훼손으로 고소하였습니다.

사안은 다음과 같습니다.

의뢰인은 대형 중식당을 운영하고 있습니다. "배달의 민족"이라는 어플리케이션을 이용합니다. 음식 배달서비스를 진행하고 있습니다.

의뢰인은 정성을 다해서 음식을 장만하여 보냈습니다. 구매자는 본인이 주문한 음식이 아니라며, 강하게 반발하였습니다. 환불을 요청하며 항의하였습니다.

확인한 결과, 구매자가 잘못 주문한 것이 밝혀졌습니다. 의뢰인은 부당한 요구들에 대해서 거절 의사를 표시하였습니다.

구매자는 급기야 "배달의 민족" 어플리케이션에 허위적이고 악의적인 리뷰들을 달았습니다. 이는 허위 리뷰로 인하여 매출 감소로 이어졌습니다.

구매자에 대해서 정보통신망법 명예훼손 위반죄와 허위사실 유포로 인한 업무방해죄로 고소하였습니다.

"배달의 민족" 댓글에 작성한 리뷰 내지 후기는 정보통신망법(명예훼손)

위반죄가 성립하기 위해서 필요한 "공연성"과 "특정성" 요건을 충족합니다.

많은 사람들이 "배달의 민족"을 이용하고 있습니다. "배달의 민족"에 업체명이 명확히 기재되어 있습니다. "비방할 목적" 요건을 충족하기가 어렵습니다.

소비자는 제품에 대해서 비평을 할 수 있습니다. 소비자의 권리입니다. "공공의 이익"이 있으며 "비방할 목적"이 없다고 볼 수 있습니다.

구매자가 작성한 후기들에 허위 내용들이 기재되어 있다는 사실을 최대한 많이 고소장에 적시하는 것이 중요합니다.

허위 내용들이 많을 경우, 대법원은 "비방할 목적"이 있다고 판시합니다.

손해배상소송은 언제 진행할까요?

결론부터 말씀드리면, 민사소송은 형사절차가 진행되고 난 후에 진행하시기 바랍니다.

민사상 손해배상을 진행하려면, 구매자의 이름 및 주소 등을 알아야 합니다. 배달의 민족 등 많은 어플리케이션에서 구매자의 구체적인 정보를 블라인드 처리합니다. 민사소송을 진행하려면, 다시 귀찮게 사실을 조회하는 절차를 거쳐야 합니다.

형사를 먼저 진행할 경우, 별도로 민사를 할 필요조차 없이 합의할 수 있습니다. 수사기관이 사실관계를 모두 조사해 놓습니다. 구매자가 형사상 처벌을 받을 경우, 구매자에 대한 판결문을 민사재판부에 제시하십시오.

민사재판부도 형사재판부가 인정한 사실을 대부분 인정합니다. 쉽게 사건을 이길 수 있습니다.

25

일타 강사 명예훼손은 처음이지?

사이버 명예훼손에 대처하기

25

일타 강사 명예훼손은 처음이지?

의뢰인은 국내 최대 학원 일타 강사입니다. 일종의 유명세를 치렀습니다.

위 강사는 자신과 지인 간의 카카오톡 내용을 "로그아웃"하지 않았습니다. 직원 중 한 명이 학원 밖으로 카카오톡 내용을 유출하였습니다.

위 직원은 학원 홈페이지에 카카오톡 내용을 왜곡해서 게시하였습니다.

학원 홈페이지에 기재한 내용들이 허위라는 사실을 밝혀냈습니다. 또한, 직원이 게시한 내용들이 공공의 이익이 아닌 사적인 이득을 위한 것이라고 주장했습니다.

최대한 이러한 점들을 자세히 작성해서 고소장을 제출하였습니다.

직원은 강사에게 반성한다고 사과하였습니다. 합의로 마무리하였습니다.

26

언론 보도를 명예훼손으로 처벌할까 말까

26

언론 보도를 명예훼손으로 처벌할까 말까

"언론의 보도에 의한 명예훼손"이 성립하기 위한 "사실의 적시"는 무엇일까요?

언론의 보도에 의한 명예훼손이 성립하려면, 피해자의 사회적 평가를 저하시킬 만한 구체적인 "사실의 적시"가 있어야 합니다.

"사실의 적시"란 일반적으로 직설적으로 명예를 훼손하는 경우입니다. 하지만, 다 그렇지는 않습니다. 간접적이거나 우회적인 방법으로 사실을 적시할 수 있습니다.

대법원 2002. 1. 22. 선고 2000다37524, 37531 판결

타인에 대한 명예훼손은 사실을 적시하는 방법으로 행해질 수도 있고, 의견을 표명하는 방법으로 행해질 수도 있는 바, 어떤 의견의 표현이 그 전제로서 사실을 직접적으로 표현한 경우는 물론 간접적이고 우회적인 방법에 의하더라도 그 표현의 전 취지에 비추어 어떤 사실의 존재를 암시하고 또 이로써 특정인의 사회적 가치 내지 평가를 침해할 가능성이 있으면 명예훼손으로 되는 것이다.

언론매체의 기사가 타인의 명예를 훼손하여 불법행위가 되는지 여부, 그 판단 기준은 무엇일까요?

신문 등 언론매체가 특정인에 대한 기사를 게재한 경우 그 기사가 특정인의 명예를 훼손하는 내용인지 여부는 일반 독자가 기사를 접하는 통상의 방법을 전제로 그 기사의 전체적인 취지와의 연관하에서 기사의 객관적 내용, 사용된 어휘의 통상적인 의미, 문구의 연결 방법 등을 종합적으로 고려하여, 그 기사가 독자에게 주는 전체적인 인상을 기준으로 판단하여야 합니다(대법원 2002. 1. 22. 선고 2000다37524, 37531 판결).

당해 기사의 배경이 된 사회적 흐름 속에서 당해 표현이 가지는 의미를 함께 고려하여야만 합니다.

표현내용이 사적관계 또는 공적관계에 관한 것인지 여부에 따른 언론·출판의 자유와 명예보호 사이의 한계설정 기준의 차이는?

언론·출판의 자유와 명예보호 사이의 한계를 설정함에 있어서 표현된 내용이 공공적·사회적인 의미를 가진 사안에 관한 것인 경우에는 사적인 영역에 속하는 사안에 관한 것인 경우와는 평가를 달리하여야 합니다(대법원 2002. 1. 22. 선고 2000다37524, 37531 판결).

언론의 자유에 대한 제한이 완화되어야 하며, 피해자가 당해 명예훼손적 표현의 위험을 자초한 것인지의 여부도 또한 고려되어야 합니다(대법원 2003. 1. 24. 선고 2000다37647 판결).

언론보도와 명예훼손은 단순한 명예훼손과 다른 측면이 있습니다.

언론보도로 인한 명예훼손을 걱정하시나요? 대법원 2002. 1. 22. 선고 2000다37524, 37531 판결을 참고해 보세요.

27

명예훼손 성립요건 중
공연성이란 무엇일까요?

27

명예훼손 성립요건 중 공연성이란 무엇일까요?

명예훼손 성립요건 중 하나는 공연성입니다.

"공연성"은 무엇일까요?

대법원은 명예훼손죄의 성립 요건인 공연성은 "불특정 또는 다수인이 인식할 수 있는 상대를 말합니다. 비록 개별적으로 한 사람에게 사실을 유포하였다고 하더라도 그로부터 불특정 또는 다수인에게 전파될 가능성이 있지만, 반대로 전파될 가능성이 없다면 특정한 한 사람에게 한 사실의 유포는 공연성이 없다."고 판단하고 있습니다(대법원 1968. 12. 24. 선고 68도 1569 판결).

"전파가능성"은 무엇일까요?

전파가능성은 사실을 적시한 상대방이 특정한 한 사람인 경우를 가정해 봅시다. 말을 들은 사람이 불특정 또는 다수인에게 그 말을 전파할 가능성이 있습니다. 공연성을 인정합니다.

예컨대, 한 사람에게 편지를 발송한 경우에도 수신인이 그 내용을 타인에게 전파할 가능성이 있으면 공연성을 인정하고 있습니다.

　개인블로그의 비공개대화방에서 상대방으로부터 비밀을 지키겠다고 했습니다. 일대일로 대화했습니다. 대법원은 대화 상대방이 대화 내용을 불특정 또는 다수에게 전파할 가능성이 있으면 공연성을 인정합니다(대법원 2008. 2. 14. 선고 2007도8155 판결).

　피해자가 근무하는 학교의 학교법인 이사장 앞으로 진정서를 제출하였습니다. 앞 사례와 비슷합니다. 특정한 한 사람에 대한 사실의 적시가 비밀이 보장되는 등 전파될 가능성이 없는 경우에는 공연성을 부정하고 있습니다.

　대법원은 중학교 교사에 대해서 "전과범으로서 교사직을 팔아가며 이웃을 해치고 고발을 일삼은 악덕 교사"라는 취지의 진정서를 그가 근무하는 학교법인 이사장 앞으로 제출한 행위 자체가 전파할 가능성이 적다고 보아서 명예훼손의 구성요건인 공연성을 부정하였습니다.

28

메이플스토리 명예훼손, 디스코드, 길드, 그리고 길드장에 대한 이야기

28

메이플스토리 명예훼손, 디스코드, 길드, 그리고 길드장에 대한 이야기

메이플스토리 길드원들 명예훼손 고소 사건입니다.

사건 내용을 살펴봅시다.

의뢰인은 가해자와 게임 내에서 같은 길드 소속입니다. 게이머로서 동료 관계를 넘어서서 사적으로도 고민을 상담하고 있습니다. 메이플스토리에서 디스코드를 통해서도 서로 많은 대화를 나누었습니다.

의뢰인은 가해자와 다른 길드원들과 잘 지내려고 노력하였습니다.

가해자는 의뢰인을 험담하였습니다. 다른 길드원들이 의뢰인에게 이러한 내용들을 알렸습니다. 의뢰인이 위 사실을 듣고 가해자에게 따졌습니다. 가해자가 길드장에게 허위 사실을 유포하였습니다.

명예훼손 성립요건을 살펴봅시다. 크게 "특정성", "공연성" 및 "비방할 목적"으로 이루어집니다. 닉네임, 아이디, 핸들네임만으로는 특정성이 성립되기가 어렵습니다. 참고로, 좀 어려운 이야기입니다. 닉네임, 아이디 및 핸들네임은 명예의 주체가 아닙니다. 다만, "페이커"와 같이 타인이 닉네임, 아이디 및 핸들네임의 소유자를 아는 경우, 닉네임, 아이디 및 핸들네임을 통해서 본인이 명예를 훼손당했다고 주장할 수는 있습니다.

수사관이 상세하게 이해할 수 있도록, 특정성 부분을 기재해야 합니다.

디스코드를 통한 명예훼손의 경우, "공연성" 성립요건과 관련하여, "전파가능성" 부분을 최대한 자세히 설시하여야 합니다.

"비방할 목적"은 특별히 설명할 필요가 없습니다. 대부분 검찰, 경찰도 이러한 부분을 너무나 잘 알기 때문입니다.

사이버명예훼손이 왜 일어날까요? 메이플스토리는 과격한 게임이 아닙니다. 게임상에서 명예훼손이 발생하는 가장 큰 이유는 길드원들 상호 간 교류가 활발하기 때문입니다. 사람이 모이면 다투기 마련입니다. 게임을 조금 못해도 상대방을 넓은 마음으로 용서해 주는 건 어떨까요. 처음부터 게임을 잘하는 사람은 없습니다.

29

명예훼손 성립요건 중 공연성은 무엇일까요?
어려운 공연성 쉽게 알아보자.

29

명예훼손 성립요건 중 공연성은 무엇일까요?
어려운 공연성 쉽게 알아보자.

명예훼손죄와 모욕죄는 공연성을 그 성립 요건으로 보고 있습니다. 공연성이란 "불특정 또는 다수인이 인식할 수 있는 상태"를 의미합니다. 다시 말해서, 여러 명이 알 수 있는 상태를 말합니다.

한 명에게 발설한 내용들이 여러 명에게 퍼져나갈 가능성이 있을 경우, "공연성"을 인정할 것인지 그 여부입니다. 학문적으로는 "전파성이론"이라고 합니다. "전파성이론"이란 1명이라도 그 말을 들은 사람이 여러 명에게 알릴 수 있다면, 명예훼손의 성립요건인 "공연성"을 인정하는 것입니다.

대법원도 "개별적으로 한 사람에 대하여 사실을 유포하였다고 하여도 이로부터 불특정 또는 다수인에게 전파될 가능성이 있으면 공연성의 요건을 충족한다."고 판시한 적이 있습니다.

다시 말해서, 한 사람에게 편지를 발송한 경우, 그 수신자가 이를 퍼뜨릴 가능성이 있으면, 명예훼손으로 인정합니다.

"공연성" 요건과 관련하여, 개인블로그의 비공개 대화방에서 상대방으로부터 비밀을 지키겠다는 말을 듣고 일대일로 대화하였다고 하더라도, 그 사정만으로 대화 상대방이 대화 내용을 불특정 또는 다수에게 전파할 가능성이 없다고 할 수 없으므로, 명예훼손죄의 요건인 공연성을 인정할 여지가 있다고 본 사례가 있습니다(대법원 2008. 2. 14. 선고 2007도8155 판결).

하지만, 가족 앞에서 발설한 것처럼 특정하게 친분 있는 사람에 대해서 말했을 경우, 공연성을 부정하기도 합니다.

30

모욕이란 무엇일까요?
모욕을 당해야 모욕은 아니다.

30

모욕이란 무엇일까요?
모욕을 당해야 모욕은 아니다.

형법은 "공연히 사람을 모욕한 자는 1년 이하의 징역이나 금고 또는 200만 원 이하의 벌금에 처한다."고 정하고 있습니다(제311조).

이를 일반적으로, 모욕죄라고 합니다.

모욕이란 사실을 적시하지 아니하고, 사람에 대하여 경멸의 의사를 표시하는 것을 말합니다. 사실을 적시하지 아니하고 사람의 사회적 평가를 저하시킬 만한 추상적 판단이나 경멸적 감정을 표현하는 것을 의미합니다. 모욕죄는 피해자의 외부적 명예를 저하시킬 만한 추상적 판단이나 경멸적 감정을 공연히 표시함으로써 성립합니다.[6]

정확한 정의입니다. 조금 어렵죠? 쉽게는 그냥 욕설이라고 생각하면 됩니다. 법률가들은 정확한 정의를 내리기 위해서 또는 이런저런 이유로 어려운 표현을 사용합니다.

피해자의 외부적 명예가 현실적으로 침해되거나 구체적, 현실적으로 침해될 위험이 발생하여야 하는 것도 아닙니다. 피해자의 명예가 현실적으로

---

6) 이재상 · 장영민 · 강동범, 형법각론(제11판), 박영사, 2019, 204쪽.

침해될 필요조차 없습니다.

판례에서 나타난 사례를 봅시다.

피고인이 택시를 타고 목적지까지 갔음에도 택시기사에게 택시요금을 주지 않자 택시기사가 경찰서 지구대 앞까지 운전하여 간 다음 112 신고를 하였고, 위 지구대 앞길에서 피해자를 포함한 경찰관들이 위 택시에 다가가 피고인에게 택시요금을 지불하라고 요청하였습니다. 피고인이 "야! 뭐야!"라고 소리를 쳤습니다. 경찰관은 피고인을 택시에서 내리게 하였습니다. 경찰관이 피고인에게 "손님, 요금을 지불하고 귀가하세요."라고 말했습니다.

피고인은 경찰관을 향해서 "뭐야. 개새끼야.", "뭐 하는 거야. 새끼들아.", "씨팔놈들아. 개새끼야."라고 큰소리로 욕설하였습니다.

그 장소에 있던 사람들이 전후 경과를 지켜보았기 때문에 피고인이 근거 없이 터무니없는 욕설을 한다는 사정을 인식할 수 있었다고 하더라도 공연성 및 전파가능성도 있었다고 보이는 이상, 모욕죄가 성립한다고 판단하였습니다(대법원 2017. 4. 13. 선고 2016도15264 판결).

31

사이버명예훼손 사이버 모욕 특정성
(대법원 2009. 2. 26. 선고 2008다27769 판결)
특정성 쉽게 알아보기

사이버명예훼손 사이버 모욕 특정성
(대법원 2009. 2. 26. 선고 2008다27769 판결)
특정성 쉽게 알아보기

게임 중입니다. 저는 상대방을 모릅니다. 아이디만 압니다. 상대방에게 욕설했습니다. 상대방은 친구들과 게임하고 있습니다. 친구들은 아이디 주인을 알고 있습니다. 처벌될까요?

처벌됩니다.

명예훼손이나 모욕죄가 성립하려면, 피해자가 특정되어야 합니다. 대법원은 상대방 이름 등을 기재하지 않더라도, 주위 사정으로 누구인지 추측할 수 있으면, 특정성을 인정합니다.

상대방 친구들은 아이디만 보아도 피해자를 알 수 있죠? 따라서 특정성을 인정할 수 있습니다.

대법원 판례는 다음과 같습니다.

> 명예훼손에 의한 불법행위가 성립하려면 피해자가 특정되어 있어야 하지만, 그 특정을 할 때 반드시 사람의 성명이나 단체의 명칭을 명시해야만

하는 것은 아니고, 사람의 성명을 명시하지 않거나 두문자나 이니셜만 사용한 경우라도 그 표현의 내용을 주위 사정과 종합하여 볼 때 그 표시가 피해자를 지목하는 것을 알아차릴 수 있을 정도이면 피해자가 특정되었다고 할 것이다.

원심은 그 채택증거에 의하여 판시와 같은 사실을 인정한 다음, 제1심판결의 별지 1, 2, 3 기재 각 기사(이하 "이 사건 각 기사"라 한다)에서 "A 변호사", "B 사무장" 등으로 익명처리를 하고 있기는 하나, 그들의 직업이 특정되어 있고, A 변호사에 고용되어 있던 B 사무장의 나이 및 그가 민사사무장으로 근무한 시기 등을 적시해 놓고 있어 변호사업계 종사자나 그 주변 사람들이 "A 변호사"가 원고를 가리키는 것으로 쉽게 알아차릴 수 있었다고 봄이 상당하여 피해자가 특정되었다고 판단하였다. 위 법리 및 기록에 비추어 살펴보면, 원심의 위와 같은 판단은 정당하고, 거기에 상고이유에서 주장하는 바와 같은 채증법칙 위반, 명예훼손에 있어서 피해자의 특정에 관한 법리오해 등의 위법이 없다(대법원 2009. 2. 26. 선고 2008다27769 판결).

32

명예훼손 고의를 언제 부정할까?

32

명예훼손 고의를 언제 부정할까?

사례를 하나 들어 봅시다.

놀부는 흥부에게 졸부에 관한 소문을 개인적으로 다시 확인했습니다. 놀부는 추궁에 답을 했습니다. 졸부는 놀부를 고소했습니다. 자신을 명예훼손했다는 것입니다.

놀부는 처벌될까요? 처벌되지 않습니다.

소위 전파가능성 이론은 적용되었습니다.

명예훼손죄의 구성요건인 공연성은 불특정 또는 다수인이 인식할 수 있는 상태를 말하고, 비록 개별적으로 한 사람에게 사실을 유포하였다고 하더라도 그로부터 불특정 또는 다수인에게 전파될 가능성이 있다면 공연성의 요건을 충족하지만, 반대로 전파될 가능성이 없다면 특정한 한 사람에게 한 사실의 유포는 공연성이 없다고 할 것이다(대법원 1996. 7. 12. 선고 96도1007 판결, 대법원 2000. 5. 16. 선고 99도5622 판결 등 참조).

하지만, 명예훼손 고의를 부정하였습니다. 추궁하는 과정에서 발설하였습니다. 명예훼손을 인정할 수 없다고 하였습니다.

대법원 2008. 10. 23. 선고 2008도6515 판결 등

명예훼손 사실을 발설한 것이 정말이냐는 질문에 대답하는 과정에서 타인
의 명예를 훼손하는 사실을 발설하게 된 것이라면, 그 발설내용과 동기에
비추어 명예훼손의 범의를 인정할 수 없다.

33

명예훼손, 가족 간에만 공연성이 부정될까?
– 가족뿐만 아니라 친구도 부정될 수 있다.

33

명예훼손, 가족 간에만 공연성이 부정될까?
– 가족뿐만 아니라 친구도 부정될 수 있다.

가족들 앞에서 다른 가족에게 "너 이 쌍년 왔구나."라고 말하였습니다. 대법원은 공연성이 없다는 이유로 처벌하지 않았습니다(대법원 1984. 4. 10. 선고 83도49 판결). 위 판례를 근거로, 가족들 간에는 전파가능성을 부정합니다. 명예훼손을 인정하지 않습니다.

그렇다면, 가족 간에만 공연성을 부정할까요?

답은 "NO"입니다.

놀부와 흥부는 동업관계입니다. 친합니다. 졸부는 놀부에게 흥부 험담하였습니다. 불륜이라고 하였습니다. 놀부는 흥부에게 동료로서 가정에 충실하라고 조언하였습니다. 흥부는 졸부를 고소했습니다.

명예훼손이 될까요?

답은 "NO"입니다.

대법원은 전파가능성을 부인했습니다. 공연성을 부정했습니다.

대법원 1984. 2. 28. 선고 83도891 판결

명예훼손죄에 있어서 공연성은 불특정 또는 다수인이 인식할 수 있는 상태를 의미하므로, 비록 개별적으로 한 사람에 대하여 사실을 유포하였다 하여도 이로부터 불특정 또는 다수인에게 전파될 가능성이 있다면 공연성의 요건을 충족하는 것이나, 이와 달리 비밀이 보장되거나 전파될 가능성이 없는 경우는 특정한 사람에 대한 사실의 유포는 공연성을 결여한 것이라고 아니할 수 없는바, 피고인이 다방에서 피해자와 동업관계로 친한 사이인 공소외인에 대하여 피해자의 험담을 한 경우에 있어서 다방내의 좌석이 다른 손님의 자리와 멀리 떨어져 있고 그 당시 공소외인은 피고인에게 왜 피해자에 관해서 그런 말을 하느냐고 힐책까지 한 사실이 있다면 전파될 가능성이 있다고 볼 수 없다.

동료 간에도 명예훼손을 인정하지 않는 경우가 있습니다.

34

정치인에 대한 비판, 처벌할까?
– 쓴 약이 정치인 몸에는 좋다.

사이버 명예훼손에 대처하기

34

정치인에 대한 비판, 처벌할까?
- 쓴 약이 정치인 몸에는 좋다.

시의회의원이 시청공무원에게 욕설하였습니다. 졸부 기자는 이 사실을 보도했습니다. 시의회의원은 졸부 기자를 명예훼손 등으로 고소했습니다. 졸부 기자는 처벌할까요?

처벌하지 않습니다.

공직자에 대한 비판은 욕설을 사용하거나 허위 사실을 유포한 경우가 아니라면, 대부분 처벌하지 않습니다.

대법원 2006. 10. 13. 선고 2005도3112 판결

정보통신망 이용촉진 및 정보보호 등에 관한 법률 제61조 제1항의 사람을 비방할 목적이란 형법 제309조 제1항의 사람을 비방할 목적과 마찬가지로 가해의 의사 내지 목적을 요하는 것으로서 공공의 이익을 위한 것과는 행위자의 주관적 의도의 방향에 있어 서로 상반되는 관계에 있다고 할 것이므로, 적시된 사실이 공공의 이익에 관한 것인 경우에는 특별한 사정이 없는 한 비방할 목적은 부인된다고 봄이 상당하다. 한편, 적시된 사실이 공공의 이익에 관한 것인지 여부는 당해 명예훼손적 표현으로 인한 피해자가 공무원 내지 공적 인물과 같은 공인(公人)인지 아니면 사인(私人)에 불과한지

여부, 그 표현이 객관적으로 국민이 알아야 할 공공성, 사회성을 갖춘 공적 관심 사안에 관한 것으로 사회의 여론형성 내지 공개토론에 기여하는 것인지 아니면 순수한 사적인 영역에 속하는 것인지 여부, 피해자가 그와 같은 명예훼손적 표현의 위험을 자초한 것인지 여부, 그리고 그 표현에 의하여 훼손되는 명예의 성격과 그 침해의 정도, 그 표현의 방법과 동기 등 제반 사정을 고려하여 판단하여야 할 것이고, 특히 공인의 공적 활동과 밀접한 관련이 있는 사안에 관하여 진실을 공표한 경우에는 원칙적으로 공공의 이익에 관한 것이라는 증명이 있는 것으로 보아야 할 것이며, 행위자의 주요한 동기 내지 목적이 공공의 이익을 위한 것인 이상 부수적으로 다른 개인적인 목적이나 동기가 내포되어 있더라도 공공의 이익에 관한 것으로 봄이 상당하다.

하지만 정치인에 대한 비방도 가려가면서 하시기 바랍니다. 정치인도 권리가 보호되어야 할 인간입니다. 심하면 처벌받습니다.

35

이미 아는 사실 퍼뜨려도 처벌할까?
- 모든 사람들이 다 아는 건 아니다.

35

이미 아는 사실 퍼뜨려도 처벌할까?
- 모든 사람들이 다 아는 건 아니다.

유명 여자 연예인이 불륜을 저질렀습니다. 졸부는 이러한 내용을 신문 기사에서 봤습니다. 졸부는 위 여자 연예인 기사에 "지고지순이 뭔지 아니?"라고 썼습니다. 유명 여자 연예인은 졸부를 명예훼손으로 고소했습니다. 처벌될까요?

처벌됩니다.

이미 많은 사람들이 알고 있는 경우라도, 유포하면 처벌합니다.

소위 공연성과 관련된 내용입니다.

대법원 2008. 7. 10. 선고 2008도2422 판결

직권으로 살펴보더라도, 구 법 제61조 제2항 위반죄에 있어서 공연성이란 불특정 또는 다수인이 인식할 수 있는 상태를 의미하는 것인바(대법원 2004. 6. 25. 선고 2003도4934 판결, 대법원 2008. 2. 14. 선고 2007도 8155 판결 등 참조), 적시된 사실이 이미 사회의 일부에서 다루어진 소문이라고 하더라도 이를 적시하여 사람의 사회적 평가를 저하시킬 만한 행위를한 때에는 명예훼손에 해당한다 할 것이고(대법원 1994. 4. 12. 선고 93도 3535 판결 참조), 원심판결 이유와 원심이 인용한 제1심판결의 채용 증거

들에 의하면, 피고인이 게시한 댓글은 해당 인터넷 포탈사이트를 이용하는 불특정 다수의 이용자들이 쉽게 그 내용을 확인할 수 있는 것이었음을 알 수 있으므로, 피고인이 위와 같이 인터넷 포탈사이트의 기사란에 댓글을 게재한 행위는 당연히 공연성이 있는 것이라고 할 것이다. 따라서 피고인의 위 주장 또한 받아들여질 수 없는 것이다.

36

소비자들이 작성한 리뷰들 처벌할까?
- 배민 리뷰 작성은 솔직하게 합시다.

36

소비자들이 작성한 리뷰들 처벌할까?
- 배민 리뷰 작성은 솔직하게 합시다.

사업자들이 소비자들 댓글로 고생하는 시대입니다. 저에게도 댓글 고소에 대한 상담들이 무척 많이 들어옵니다.

흥부는 헬스장을 이용했습니다. 흥부는 유명 인터넷 카페와 자신의 블로그에 자신이 경험한 이야기들을 기재했습니다. 헬스장 후기를 적은 것입니다. 허위는 없었습니다. 다만, 막장 대응을 한다는 등 좀 과격한 표현을 사용했습니다.

헬스장 대표인 놀부가 흥부를 명예훼손으로 고소했습니다. 처벌될까요?

처벌되지 않습니다.

배민이나 쿠팡에 기재한 후기들은 허위가 아닌 이상, 대법원은 이러한 후기들을 처벌하지 않습니다. 대법원이 설시한 근거는 다음과 같습니다. 이른바 소비자권입니다.

대법원 2012. 11. 29. 선고 2012도10392 판결

국가는 건전한 소비행위를 계도(계도)하고 생산품의 품질향상을 촉구하기 위한 소비자보호운동을 법률이 정하는 바에 따라 보장하여야 하며(헌법 제124조), 소비자는 물품 또는 용역을 선택하는 데 필요한 지식 및 정보를 제공받을 권리와 사업자의 사업활동 등에 대하여 소비자의 의견을 반영시킬 권리가 있고(소비자기본법 제4조), 공급자 중심의 시장 환경이 소비자 중심으로 이전되면서 사업자와 소비자의 정보 격차를 줄이기 위해 인터넷을 통한 물품 또는 용역에 대한 정보 및 의견 제공과 교환의 필요성이 증대되므로, 실제로 물품을 사용하거나 용역을 이용한 소비자가 인터넷에 자신이 겪은 객관적 사실을 바탕으로 사업자에게 불리한 내용의 글을 게시하는 행위에 비방의 목적이 있는지는 해당 적시 사실의 내용과 성질, 해당 사실의 공표가 이루어진 상대방의 범위, 표현의 방법 등 표현 자체에 관한 제반 사정을 두루 심사하여 더욱 신중하게 판단하여야 한다.

비슷한 사안에서 대법원이 처벌하지 않는 근거를 제시했습니다.

대법원 2012. 11. 29. 선고 2012도10392 판결

갑 운영의 산후조리원을 이용한 피고인이 9회에 걸쳐 임신, 육아 등과 관련한 유명 인터넷 카페나 자신의 블로그 등에 자신이 직접 겪은 불편사항 등을 후기 형태로 게시하여 갑의 명예를 훼손하였다는 내용으로 정보통신망 이용촉진 및 정보보호 등에 관한 법률 위반으로 기소된 사안에서, 피고인이 인터넷 카페 게시판 등에 올린 글은 자신이 산후조리원을 실제 이용하면서 겪은 일과 이에 대한 주관적 평가를 담은 이용 후기인 점, 위 글에 '갑의 막장 대응' 등과 같이 다소 과장된 표현이 사용되기도 하였으나, 인터넷 게시글에 적시된 주요 내용은 객관적 사실에 부합하는 점, 피고인이 게시한 글의 공표 상대방은 인터넷 카페 회원이나 산후조리원 정보를 검색하는 인터넷 사용자들에 한정되고 그렇지 않은 인터넷 사용자들에게 무분별하게 노

출되는 것이라고 보기 어려운 점 등의 제반 사정에 비추어 볼 때, 피고인이 적시한 사실은 산후조리원에 대한 정보를 구하고자 하는 임산부의 의사결정에 도움이 되는 정보 및 의견 제공이라는 공공의 이익에 관한 것이라고 봄이 타당하고, 이처럼 피고인의 주요한 동기나 목적이 공공의 이익을 위한 것이라면 부수적으로 산후조리원 이용대금 환불과 같은 다른 사익적 목적이나 동기가 내포되어 있다는 사정만으로 피고인에게 갑을 비방할 목적이 있었다고 보기 어려운데도, 이와 달리 보아 유죄를 인정한 원심판결에 같은 법 제70조 제1항에서 정한 명예훼손죄 구성요건요소인 '사람을 비방할 목적'에 관한 법리오해의 위법이 있다.

고객 후기를 고소하려고 하시나요? 후기가 허위인지 꼭 확인하세요.

37

글 퍼나르기 처벌될까?
– 소문을 퍼뜨린 졸부도 혼난다.

37

글 퍼나르기 처벌될까?
- 소문을 퍼뜨린 졸부도 혼난다.

흥부는 놀부로부터 졸부가 바람이 났다는 이야기를 들었습니다. 흥부는
어부에게 위 이야기를 퍼뜨렸습니다. 졸부가 흥부를 고소했습니다. 흥부는
처벌될까요?

처벌됩니다.

남에게 들은 이야기를 다른 사람에게 전하는 것도 처벌합니다. 인터넷
상 퍼나르기도 마찬가지입니다. 대법원은 아래와 같이 판단하였습니다.

대법원 1985. 4. 23. 선고 85도431 판결

명예훼손죄에 있어서의 사실의 적시는 그 사실의 적시자가 스스로 실험한
것으로 적시하던 타인으로부터 전문한 것으로 적시하던 불문하는 것이므로
피해자가 처자식이 있는 남자와 살고 있다는데 아느냐고 한 피고인의 언동
은 사실의 적시에 해당한다 할 것이고, 또 그 내용도 피해자의 사회적 평가
를 저하시킬 가능성이 있는 불륜관계를 유포한 것이어서 구체성 있는 사실
적시에 해당한다고 보기에 넉넉하므로 피고의 행위가 사실적시에 해당하지
않는다거나 그 사실적시가 구체성이 없다는 논지는 받아들일 수 없다.
　한편 명예훼손죄의 구성요건인 공연성은 불특정 또는 다수인이 인식할

수 있는 상태를 의미하므로 비록 개별적으로 한 사람에 대하여 사실을 유포하였다 하더라도 그로부터 불특정 또는 다수인에게 전파될 가능성이 있다면 공연성의 요건을 충족한다 할 것인바(당원 1968.12.24. 선고 68도1569 판결, 1981.10.27. 선고 81도1023 판결 참조), 원심이 유지한 제1심판결이 확정한 사실과 기록에 의하여 살펴보면 피고인이 사실을 적시한 장소가 공소외 1이라는 행정서사의 사무실내이었기는 하나 그의 사무원인 공소외 2와 동인의 처 공소외 3이 함께 있는 자리였었고, 그들은 모두 피해자와 같은 교회에 다니는 교인들일 뿐 피해자에 관한 소문을 비밀로 지켜줄 만한 특별한 신분관계는 없었던 사정을 규지할 수 있어 피고인이 그들에게 적시한 사실은 그들을 통하여 불특정 또는 다수인에게 전파될 가능성이 충분히 있었다고 보기에 넉넉하므로 원심판결에 공연성에 관한 법리오해가 있다는 논지도 받아들일 수 없다.

저자 약력

김학재
서울 경기고등학교 졸업
서울대학교 법학부 졸업
서울대학교 대학원 민법 석사 졸업

제46회 사법시험 합격
사법연수원 수료
에스앤유변호사 법률사무소 대표변호사

사이버 명예훼손 전문 유튜브 "놀부변호사" 운영
  (https://www.youtube.com/@nolbulawyer)
이메일: khjae1209@naver.com
홈페이지: https://snulawfirm.modoo.at/
전화번호: 0507−1308−5391

사이버 명예훼손에 대처하기

초판발행   2024년 7월 10일

지은이   김학재
펴낸이   안종만·안상준

편 집   윤혜경
기획/마케팅   김민규
표지디자인   BEN STORY
제 작   고철민·조영환

펴낸곳   (주) **박영사**
              서울특별시 금천구 가산디지털2로 53, 210호(가산동, 한라시그마밸리)
              등록 1959. 3. 11. 제300-1959-1호(倫)

전 화   02)733-6771
f a x   02)736-4818
e-mail   pys@pybook.co.kr
homepage   www.pybook.co.kr
ISBN   979-11-303-4770-7   03360

정 가   19,000원